JN410385

머리카락 짚신

만인산문정신 1

머리카락 짚신

김봉규 칼럼집

만인사

| 책머리에 |

여운이 남는 칼럼을 꿈꾸며

이 세상에서 가장 좋은 직업은 무엇일까. 언론사 기자들이 농담 반 진담 반으로 하는 이야기가 있다. '기사 안 쓰는 기자'가 세상에서 가장 좋은 직업일 것이라고.

기사 쓰는 일, 좋은 기사를 만들어 내는 작업이 쉽지 않고 스트레스를 많이 받게 하는 일임을 표현하는 이야기라 하겠다.

매일 기사를 쓰고, 수십 년 기사를 써도 언제나 쉽지 않은 것이 기사를 잘 쓰는 일이다. 어떤 종류의 기사도 쓰기가 쉽지 않지만, 칼럼 기사를 잘 쓰는 일은 특히 어렵다. 칼럼은 일반 기사보다 훨씬 많은 고민과 사색, 지식이 동원돼야 한다. 그래야 좋은 칼럼이 나올 수 있다. 좋은 인품이 뒷받침이 되면 더 낫다.

칼럼은 이처럼 각별한 에너지를 소비해야 하지만, 좋은 칼럼에 대한 독자들의 호응도 각별하다. 다른 기사에 대한 반응이 가져다주는 보람과는 다른 즐거움을 선사한다. 그런 즐거움이나 보람을 맛보기에 고통 속에서도 글쓰기를 계속하게 되는 것이다.

개인적 경험으로는 독자들의 공감이나 호응도 즐거움이지만, 칼럼을 쓰면서 내 자신의 마음을 다스리며 부족한 부분을 반성하게 된다는 점도 매우 소중한 이로움이라고 본다.

이 칼럼집은 필자가 기자로 몸담고 있는 영남일보에 2008년 4월부터 매주 한 번씩(2011년 6월부터는 격주) 쓰고 있는 칼럼 '동추사랑방'의 글 중 골라 엮은 것이다.

편집국 기자로 근무하다 논설위원으로 자리를 옮기면서 '동추 사랑방'을 시작했다. 자신이 있었던 것은 아니지만, 용기를 내 '무모하게' 도전을 해보았던 일이다.

다행히 적지 않은 독자들이 호응을 해주면서, 힘을 내 계속 칼럼을 쓸 수 있었다. 메일로, 전화로, 또는 낯선 만남을 통해서 공감과 칭찬을 표현해주었다.

선물을 보내준 독자도 있었고, 한 남성 독자와는 여러 번의 요청에 못 이겨 함께 식사를 하는 자리를 두어 차례 갖기도 했다. 칼럼을 매번 스크랩한다는 사람, 스크랩한 것을 자녀에게 선물로 주겠다는 이도 있었다. 시인이나 수필가 등 문인들이 과찬을 하기도 했다.

예상치 못했던 반응이었다. 독자들 표현을 빌리자면 '따뜻하고 여운을 남기는 글들'이 요즘 사람들에게 좀 통한 것인지 모르겠다. 어쨌든 필자의 복으로 생각한다.

인간은 자연의 일부인 만큼, 지구촌 사람들 모두 좀 더 겸손해지고 자연을 사랑하기를 바란다. 사람끼리도 서로 배려하며 더불어 살기를 희망한다. 칼럼에 담기는 생각이기도 하다.

지난 해 이맘 때인지 모르겠다. 시인이면서 출판사 '만인사'를 경영하는 박진형 선생이 칼럼집을 내자는 제의를 했다. 특히 대구경북의 문화예술을 책으로 남기는 일에 각별한 사명감을 가지고 있는 박 선생의 제의이니 필자로서는 고마울 뿐이었다. 그것도 '만인산문정신' 시리즈로 출간하게 되니 더 오감한 일이다.

글 쓰는 솜씨가 많이 부족함을 스스로 잘 알고 있고, 문장이 정제되지 않은 면도 많다. 그런데도 좋게 봐 책으로 엮어주니 고마우면서 부끄럽기도 하다.

그리고 친구인 김성수 조각가의 작품 사진을 칼럼집에 사용할 수 있게 된 것도 행운이다. 마침 지난 5월에 대구 봉산문화회관에서 열린 김성수 작품전을 박 선생과 함께 보면서 작품이 좋으니 사진으로 찍어 책에 사용하자고 했고, 김성수 조각가도 흔쾌히 동의해 줬다. 특별히 고마운 마음이다.

생각도 하지 않았는데도 이처럼 책을 나오게 한 인연들에 감사하며, 영남일보 식구와 필자 가족에게도 진심으로 감사함은 물론이다.

2011년 6월

동추 김봉규

차 례

| 책머리에 |
여운이 남는 칼럼을 꿈꾸며 — 4

1. 마상청앵도와 봄
네 잎 클로버와 행복 — 13
머리카락 짚신 — 15
'마음 거울' 도 보자 — 17
팔여거사 — 19
마상청앵도와 봄 — 21
매화를 보고 — 23
탐매의 기쁨 — 25
이팝나무를 보며 — 28
햇차를 맛보고 — 30
야생화의 매력 — 32
봄날은 간다 — 34

2. 하늘과 신이 알고

익숙한 것은 낯설게 ─ 39
도로 눈을 감아라 ─ 41
우주와 인간 ─ 43
인생을 즐겨라 ─ 45
글쓰기의 고통 ─ 48
추장 눈에 비친 '문명인' ─ 50
기계를 거부한 노인 ─ 52
말의 힘 ─ 54
충고의 어려움 ─ 57
먼저 인간이 돼라 ─ 58
보석같은 존재 ─ 61
하늘과 신이 알고… ─ 62

3. 빗속 작은 음악회

얼마나 유연한가 ─ 67
나무 심기와 아이 키우기 ─ 69
건망증과 인생 ─ 71
브라보 '바라지' ─ 73
빗속 작은 음악회 ─ 76

호(號) 이야기 — 78
아프고 나서 — 80
가장 중요한 일 — 82
하몽(夏夢) — 84
윤정희의 실망 — 86
멀리서 보는 눈을… — 88
부자되는 법 — 90

4. 교도소에서 온 편지

가을 서정 — 95
교도소에서 온 편지 — 98
호리유차 천지현격 — 99
겉이 검다고… — 102
수행자와 암 — 104
‘인내’ 소리 세 번에… — 106
가을의 힘 — 108
성묘 단상 — 110
단풍을 보며 — 113
리안갤러리의 꿈 — 114
어플루엔자와 물박정후 — 117
아름다운 사람 — 119

5. '침묵의 소리'를 듣자

멋진 술자리 — 123
'침묵의 소리'를 듣자 — 126
내조의 여왕 — 128
애주가의 반성 — 130
과메기 추억 — 132
행복한 음식 — 133
관용의 힘 — 136
'발끈한 힐러리'를 보며 — 138
흡연 풍속도 — 140
막걸리여 영원하라 — 143
경인년 작심 — 145
선을 행하라 — 147
부드러운 말 — 149
더불어 살아야 — 152
인내 부족한 사회 — 154
유연함이 부족하다 — 156

1. 마상청앵도와 봄

마상청앵도와 봄

네 잎 클로버와 행복

봄이 무르익고 있다. 초목의 모습이 나날이 새롭다. 매화는 지고, 벚꽃 구름이 도심이나 교외의 도로 곳곳을 따라 흐르고 있다.

칙칙하던 느티나무나 은행나무 가로수도 생기 넘치는 연둣빛으로 물들기 시작, 눈길을 끈다. 한창 지고 있는 개나리꽃잎이 회사 근처 담장 아래에 노란 비단을 깔아놓은 것을 보며 잠시 걸음을 멈추기도 한다. 올해 처음 쑥국을 맛보는 즐거움도 각별하다.

해마다 새롭게 펼쳐지는 이런 봄날의 세계로 빠져들며 어떤 즐거움보다 충만한 행복을 맛본다.

사람은 누구나 행복을 추구한다. 하지만 행복을 늘상 누리는 이는 그렇게 많지 않다. 좀처럼 찾아오지 않는 행운이나 더 나은 미래를 좇는데만 정신을 빼앗겨, 일상에는 좀처럼 눈길을 주지 않기 때문이다.

클로버가 있는 곳에 가면 우리는 보통 지천으로 널려 있는 세 잎 클로버는 제쳐두고, 찾기 힘든 네 잎 클로버를 찾아 헤맨다.

나폴레옹이 전장(戰場)에서 네 잎 클로버를 보려고 상체를 숙이면서 날아온 총알을 피하게 된 일이 있은 후 네 잎 클로버는 행운을 상징하게 되었다 한다. 세 잎 클로버는 행복을 뜻한다.

수 없이 널려 있는 세 잎 클로버(행복)를 밟으며 네 잎 클로버(행운)를 찾아 헤매는 모습이 우리네 삶이라면, 그것을 돌아봐야 하지 않을까. 행운은 그렇게 추구할 일도 아니고, 그런다고 찾아오는 것도 아니다. 로또 당첨이나 도박에서 대박을 터뜨리는 행운은 오히려 삶을 망칠 수도 있다. 무리해서 얻는 돈이나 권력도 마찬가지다. 그런데도 그런 것들을 좇기만 한다면 분명 어리석은 일이다.

추사 김정희가 말년에 남긴 서예 명작인 '대팽두부(大烹豆腐)'의 내용이다.

"최고 좋은 반찬은 두부나 오이와 생강과 나물이고(大烹豆腐瓜薑菜), 최고 훌륭한 모임이란 부부와 아들딸과 손자와 함께하는 것이다(高會夫妻兒女孫)."

평범한 일상에 최고의 행복이 있음을 말하고 있다. 가정에, 일터에, 자연에 널려 있는 '세 잎 클로버'에 눈길을 주어보자. 아무리 각박한 세상이라도 거기에는 언제나 '행복'이 피어나고 있다.

(2008. 4. 4)

머리카락 짚신

마음을 다하는 '진심(盡心)'을 보기 힘든 요즘이다. 사욕을 위해 양심을 저버리는 일이 다반사인 이 시대의 우리를 돌아보게 하는 이야기가 있어 소개한다.

영남일보 연재 '불천위 기행' 취재 중 '풍산 김씨 허백당 세적(世蹟)'을 살펴보다 알게 된 내용이다. 허백당(虛白堂) 김양진(1467~1535)의 증손자인 유연당(悠然堂) 김대현(1553~1602)과 관련된 이야기다. 두 사람 다 불천위 인물이다.

유연당이 산음(山陰, 경남 산청) 관아에서 사망했다. 함양군수는 여러 고을에 부음을 내고, 필선(弼善, 조선시대 왕세자 교육을 담당하던 시강원의 정4품 벼슬) 권집, 정언(正言, 사간원 언관) 오장, 생원(生員) 박문양 등이 수의를 마련하고 염습을 도와 지성으로 상을 치렀다. 그리고 사망한 지 5개월 후 음력 8월에 선영인 경북 예천 광석산에 안장되었다.

장례를 마친 몇 달 뒤인 겨울 어느 날, 그의 아들이 어머니인 유연당 부인 전주 이씨에게 여느 때처럼 문안을 드리러 갔다. 그런데 이씨는 방 안인데도 머리에 흰 무명 수건을 둘러쓰고 있었다.

"어머니 웬 수건을 쓰고 계십니까?"

"겨울철이라 머리에 선뜩한 바람이 이는구나."

아무래도 이상한 느낌이 든 아들은 "어머니 그 수건 어디서 나왔습니까"하고 물으면서 손을 이씨 머리쪽으로 내밀었다. 이씨는 수건을 꾹 누르며 "나는 이 수건을 오랫동안 벗을 수가 없다"하고는 눈물을 삼키며 일어서더니, 벽장 안에서 검은 줄이 얼룩얼룩한 짚신 한 켤레를 내놓았다. 신을 살펴보던 아들은 깜짝 놀라면서 "어머니 어찌된 일입니까. 이 신은…"하며 두 손을 꼭 잡았다.

"지난 봄, 너의 아버지 초상에 도와준 산음 고을 사람들에게 결초보은하고자 곰곰이 생각해보았다. 나의 모든 정성을 다 드리기 위해 삭발하여 짚과 함께 신을 삼게 했다. 내 성의이니 그 분들에게 갖다 드려라."

아들은 그 신을 깨끗한 보자기에 싼 다음 가슴에 안고 500리 길을 떠났다. 수일 뒤 산음의 권집에게 사실을 이야기하고 신을 싼 보자기를 건네주니, 그는 깜짝 놀라면서 그 정성어린 물건을 거절할 수도 반송할 수도 없어 오장, 박문영 등과 의논한 끝에 작은 사당을 지어 보관했다.

그 후 270여 년이 지난 1870년대 어느 날, 그곳 산음의 권씨댁에서 동도회(同道會) 제현의 후손들이 모임을 가졌는데, 그 때 유연당 후손 김병황이 참석했다가 그 사람들이 사연과 함께 돌려주는 신을 받아 곱게 싸안고 돌아와서 광석산 묘소 곁에 묻었다고 한다.

이야기 주인공인 이씨 부인은 장성한 아들 8형제를 두었는데 모두 소과에 합격하고, 이들 중 5형제는 대과에 급제했다. 당시 인조 임금은 이 일을 '8련5계지미(八蓮五桂之美)' 라며 칭찬했다.

나는 처음 이 이야기를 읽었을 때 감로수를 마시는 듯했다.

(2010. 9. 16)

'마음 거울' 도 보자

사람들은 매일 거울을 본다. 다른 사람들에게 보여지는 얼굴 모습 등 외양(外樣)을 매만지기 위해서다.

마음 모습을 비춰주는 '마음 거울' 도 매일 보면 더 좋으련만, 그렇게는 잘 하지 않는다. 외양 못지않게 남에게 풍기는 사람의 향기는 세상을 살맛나게 하는데 더 중요한 요소인데도.

옛 사람들은 마음을 수시로 갈고 닦는데 무척이나 애를 썼다. 마음 경계하는 글을 거울이나 벽, 세숫대야, 책상 등에 새겨 '마음 거울' 비추기를 잠시도 소홀히 하지 않았다. 일상 생활 중에서 묻히게 되는 마음의 때를 부지런히 닦아내기 위해서다.

"진실로 날로 새롭게 하고 매일매일 새롭게 하여, 나날이 새롭게 하라(苟日新 日日新 又日新)."

중국 은나라를 세운 성탕(成湯)이 세숫대야에 새긴 글이다.

주나라 무왕(武王)은 거울에다 "그대의 앞은 눈으로 보고, 뒤는 생각으로 살펴라(見爾前 慮爾後)"라고 새겼다.

너무 게으르지 않은지, 무리한 욕심을 내지 않은지, 윗사람에게 잘 보이려는 생각만 앞서 올바른 시각을 잃고 있지 않은지, 누구를 싫어하는 마음이 여전하지 않은지 자주 돌아보자. 그러면 그런 마음의 때가 조금씩 없어질 것이다.

마음이란 항상 챙기지 않으면 어느샌가 달아나 버린다. 잠시만 한 눈 팔아도 무슨 장난을 할 지 모르는 개구쟁이와 같다.

"일이 없을 때는 마음이 어두워지기 쉬운 법이니 마땅히 고요하게 하여 밝음으로 비추어야 하고, 일이 있을 때는 마음이 달아나 흩어지기 쉬우니 마땅히 마음을 밝게 하여 고요함을 주인으로 삼아야 한다." '채근담'의 글이다.

거울에 비친 얼굴만 보지 말고, 매일 '마음 거울'도 사용해보자. 그러면 변화되는 자신의 모습을 보게 될 것이다.

얼굴은 매일 봐도 그 얼굴이다. 갈수록 늙어가는 모습에 오히려 마음이 편하지 않을 수 있다. 하지만 '마음 거울'을 매일 본다면,

점점 밝아지고 맑아지는 마음 모습을 보며 즐거워질 것이다.

팍팍한 삶 속에서 맑고 밝은 마음을 되찾고 유지하는데 우리가 너무 소홀한 것같아 해본, 좀 고답적(高踏的)인 이야기다.

(2008. 6. 26)

팔여거사(八餘居士)

사재(思齋) 김정국(1485~1541)이 기묘사화 때 정계에서 축출당한 뒤, 시골로 들어가 '팔여거사(八餘居士)'라는 호를 짓고 은거하며 지냈다. 어느 날 한 친구가 호의 뜻에 대해 물었다.

"토란국과 보리밥을 배불리 넉넉하게 먹고, 부들자리와 따뜻한 온돌에서 잠을 넉넉하게 자고, 땅에서 솟는 맑은 샘물을 넉넉하게 마시며, 서가에 가득한 책을 넉넉하게 본다. 봄날에는 꽃을, 가을에는 달빛을 넉넉하게 감상하고, 새들의 지저귐과 솔바람 소리를 넉넉하게 듣고, 눈 속에 핀 매화와 서리 맞은 국화에서는 향기를 넉넉하게 맞는다네. 한 가지 더, 이 일곱 가지를 넉넉하게 즐기기에 팔여라고 했네."

이 말을 들은 친구는 한참을 생각하다 다음과 같이 말했다.

"세상에는 자네와 반대로 사는 사람이 있더군. 진수성찬을 배불리 먹고도 부족하고, 휘황한 난간에 비단병풍을 치고 잠을 자면서도 부족하고, 이름난 술을 실컷 마시고도 부족하다네. 울긋불긋한 그림을 실컷 보고도 부족하고, 아리따운 기생과 실컷 놀고도 부족하고, 좋은 음악을 다 듣고도 부족하고, 희귀한 향을 맡고도 부족하다고 여기지. 한 가지 더, 이 일곱 가지로도 부족한 것이 있다고 그 부족함을 걱정하더군….”

행 · 불행이 어디에 있는지, 무엇에 의해 좌우되는지 잘 말해주는 이야기다. 누구나 항상 순풍에 돛 단 듯한 인생 항로를 가지는 못한다. 출발점의 환경이 다르기도 하고, 잘 나가다가 태풍을 만나 수많은 고초를 겪어야 하기도 한다. 부와 권력을 지니고 살다가도, 그것을 잃고 나락으로 떨어질 수도 있는 것이다.

행 · 불행은 이런 삶의 환경 변화가 좌우하는 것이 아니다. 부와 권력을 가지더라도 항상 부족하다고 생각하면 행복을 못 느낀다. 반면에 삶의 환경이 열악하게 바뀌더라도 그 가운데서 넉넉한 줄 알면 행복할 수 있다.

살기가 점점 고달파지는 환경으로 내몰리고 있다. 전보다 못해진 현실에서도 넉넉함을 누릴 줄 아는 ‘팔여거사’의 지혜는 어려운 시기를 견디는 데 도움이 되지 않을까.

올해 산타가 모두에게 주고자 하는 ‘마음 선물’이기도 할 것이다.

(2008. 12. 25)

마상청앵도와 봄

조선의 대표 화가 단원(檀園) 김홍도의 걸작 중에 '마상청앵도(馬上聽鶯圖)'가 있다. 좋아하는 옛 그림 중 하나다. 특히 이른 봄이면 언제나 떠오르는 그림이다.

이 작품은 제목이 말해 주듯이 말 위에서 꾀꼬리 소리를 듣는 모습을 그리고 있다. 어느 봄날 말을 타고 길을 가던 한 선비가 고개를 돌려 길 옆의 수양버들을 올려다보고 있다. 연둣빛으로 물들기 시작한 수양버들 가지 위에는 꾀꼬리 두 마리가 놀고 있다. 길 옆에는 풀들이 새싹을 내밀고 있다.

부채를 들고 갓을 쓴 선비가 문득 들려오는 꾀꼬리 소리를 듣고는 말을 세우고 수양버들을 올려다보는 순간을 포착하고 있다. 반가운 정경에 반해 넋을 놓고 바라보는 선비의 모습을 너무나 잘 담아내고 있다.

단순하고 평범한 순간을 담았는데도 이른 봄 정취를 이보다 더 잘 표현할 수 있을까 싶다. 대가다운 면모를 여실히 보여주고 있다.

화면 왼쪽 위에는 꾀꼬리를 묘사한 화제(畵題)가 있다.

"어여쁜 여인이 꽃 아래서 천 가지 가락으로 생황을 불고 있나(佳人花底簧千古)/운치 있는 선비의 술상 위에 올려진 한 쌍의 밀감인가(韻士樽前柑一雙)/수양버들 물가를 어지러이 오고 가는 금빛 베틀북이여(歷亂金梭楊柳崖)/봄 날 강가에 자욱한 비안개 끌어

다가 고운 깁을 짜고 있구나(惹烟和雨織春江).”

화제의 내용도 그림 못지않게 멋지지 않은가.

매화 · 산수유꽃과 함께 봄소식을 가장 먼저 전해주는 전령이 버들이다. 봄이 시작될 무렵 황량한 들판 곳곳에서 가장 먼저 연둣빛을 띠기 시작하며 봄을 알리는 나무다. 봄날 버들을 볼 때마다 이 마상청앵도의 정경이 떠오른다.

벌써 봄이 깊어 꽃보다는 활엽수의 새싹들이 더 찬란하다. 지금 대구 시내는 느티나무, 은행나무, 이팝나무 등 가로수 · 공원수(公園樹)의 신록이 수를 놓고 있다. 새싹들이 아침과 저녁이 다를 정도로 쑥쑥 자라고 있다.

그저께 오전 출근길에 초여름 같은 햇빛 아래 나날이 짙어가는 가로수 그늘을 고마워하면서 걷고 있는데, 문득 재잘대는 새소리가 들려왔다. 반가워 고개를 들고 연둣빛으로 물든 느티나무 위를 쳐다보니 참새 한 마리가 고개를 이리저리 움직이며 재잘대고 있었다. 홀로 신록의 봄기운에 겨워 즐거워하는 모습을 한참 동안 바라보았다.

아쉬운 발길을 재촉, 다시 길을 가기 시작했는데 잠시 후 또 다른 새소리가 들려왔다. 나무 위를 바라보니 참새보다 훨씬 큰, 산 속에나 있을 법한 낯선 새가 새싹을 쪼면서 놀고 있었다.

도심의 길을 가다가 이렇게 마상청앵도의 봄 정취를 누릴 수 있는 것은 걸어다니는 덕분이다. 차를 타고 달리는 이들은 누릴 수가 없다. 누구나 쉽게 가까이 할 수 있는 봄 정취는 누리는 이가 주인이다.

찬란한 신록의 잔치가 시작됐다. 때때로 일상에서 빠져나와 봄정취에 빠져들며 생기(生氣)를 느껴보자. 자연의 순리도 깨닫고.

(2009. 4. 9)

매화를 보고

며칠 전 서예가 석경 이원동의 서실(書室)을 오랜만에 찾았다. '놀랍게도' 이 엄동설한에 벌써 피어난 매화를 보았다. 매화분에 탐스럽게 핀 청매화였다. 꽃을 피운지 며칠이 지났는지, 꽃잎 몇 개가 화분에 떨어져 있어 운치를 더했다. 그렇게 일찍 매화를 보기는 처음이었다.

이 겨울에 전혀 생각지도 않았던 매화를 보니 기분이 너무나 좋아졌다. 춥고 황량한 날씨에다 혹독한 경제 한파, 국회 몸싸움, 가자지구 전쟁 참상 등 지구촌에 가득한 암울한 소식으로 침울했던 기분을 잠시나마 싹 가시게 했다.

곧 꽃잎을 터뜨릴 것 같은 봉오리가 가득한 백매 분재도 감상할 수 있었다.

서실에서 분재 매화를 보고나니, 머지않아 곳곳에서 아름다운 꽃을 피워 맑고 그윽한 향기를 황량한 대지 위에 퍼뜨릴 들판의 매화가 더욱 기다려진다. 그런 매화를 기다리는 셀렘이 마음 속 한파를 이기는 데도 큰 도움이 될 것 같다.

매화를 본 다음날 팔공산 산행 중 파계사 성전암을 들렀는데, 관음전 주련(柱聯) 글이 눈에 들어왔다.

"서릿발 바람이 땅을 스쳐 마른 풀뿌리를 휩쓸며 부는데(霜風括地掃枯荄)/그 누가 봄이 이미 왔음을 알아차릴까(誰覺東君令已廻)/오로지 산봉우리의 매화가 먼저 그 소식을 누설하니(唯有嶺梅先漏洩)/가지 하나 홀로 눈 속에 꽃을 피웠구나(一枝獨向雪中開)."

이런 매화를 예로부터 많은 사람들이 사랑했다. 어느 꽃보다 먼저 피어나 아름다운 자태와 그윽한 향기를 선사하는 설중매의 성품은 매서운 겨울 추위뿐만 아니라, 불합리한 사회나 혹독한 경제난이 주는 외롭고 고달픈 현실을 견디게 하는데도 큰 힘을 주었기 때문일 것이다. 춥고 메마른 들판에서 홀로 피어나는 매화를 보며 희망도 보았을 것이다.

단원 김홍도는 때때로 끼니를 걸러야 할 만큼 가난했지만, 항상 의연함을 잃지 않았다. 매화를 매우 사랑했던 단원은 어느 날 누가 팔려고 내놓은 매화나무를 보고 정말 마음에 들었으나, 돈이 없어 살 수가 없었다. 그때 마침 어떤 이가 그림을 청하면서 3천냥을 주었다. 단원은 2천냥으로 매화를 사고 800냥으로 술을 여러 말 사다가 친구들을 불러 매화를 감상하며 마셨다. 그리고 남은 200냥으로 쌀과 나무를 집에 들였으나 하루 지낼 것밖에 안되었다 한다.

"내 평생 즐겨함이 많으나 매화를 몹시 좋아한다(我生多癖酷好梅)"라고 했을 정도로 매화 사랑이 유별났던 퇴계 이황. 그는 숨을 거두기 몇 시간 전 시중 드는 사람에게 "저 매화에 물을 주라"고 말했다. 퇴계가 평소 애완하던 그 매화분은 금방 향기를 터뜨릴 듯이 꽃망울 몇 개가 한껏 부풀어 있었다. 5일 전(음력 12월 8일)이 퇴계가 운명한 날이다.

전대미문의 금융 위기로 시작된 혹독한 '경제한파' 속에 내몰릴 올해 봄에는 이런 매화를 비롯한, 수많은 봄꽃이 선사할 자연의 은혜가 더 각별히 다가올 것 같다.

(2009. 1. 8)

탐매의 기쁨

해마다 이맘 때면 마음이 설렌다. 머지않아 곳곳에서 꽃봉오리를 터뜨릴 매화를 기다리는 마음 때문이다. 이른 봄 가장 즐거운 일은 봉오리를 터뜨리기 시작한 매화를 찾아 함께 시간을 보내는 것이다.

가장 기억에 남는 이 탐매(探梅)의 기쁨은 지리산 화엄사의 '흑매'를 찾아가 만났을 때이다. 홍매이지만 꽃이 검은 빛이 돌 정도로 붉어 '흑매'라 불린다고 한다.

지난 해 봄, 3월 중순 끝자락에 그 흑매를 찾아갔다. 가는 길에 먼저 산수유로 유명한 구례 산동마을에 들렀다. 마침 산수유꽃이 한창이어서 '노란 구름'을 따라 별세계에 노닐다 화엄사로 향했다. 화엄사에 도착, '최고의 매화'라고 들은 흑매가 과연 어떤 모습일까 생각하며 각황전을 향해 올라갔다.

흑매에게 가는 도중, 먼저 청풍당(淸風堂) 앞 홍매화가 반갑게 맞이했다. 빛깔이 아주 맑고 청초한 연분홍 매화였다. 담장 밖 화단에 자연스럽게 자란 나무가 꽃을 피운 모습이 각별했다. 흑매를 빨리 보고 싶은 마음에 발길을 돌려 각황전으로 향하는데, 맞은편의 백매가 눈에 들어왔다. 만월당(滿月堂) 앞 마당에 홀로 서 있는 이 백매는 나무 모양이 아름답지 못한 아쉬움이 있지만, 향기는 최고였다. 잠시 향기를 즐기다 다시 각황전으로 향했다.

대웅전 아래 마당에 올라서자, 멀리 그 흑매가 눈에 들어왔다. 설레는 마음으로 걸음을 빨리 해 각황전 앞 계단에 올라 흑매를 마주했다. 나무 모양도 보기 드물게 아름다운 자태의 고목임은 물론 꽃의 빛깔이 압권이었다. 그처럼 진하면서도 맑게 붉은 홍매화는 본 적이 없다. 꽃잎도 다섯 개의 홑꽃으로, 작으면서도 정갈하고 기품이 있었다. 요즘 주위에서 많이 보는, 꽃잎이 많고 빛깔도 탁한 홍매와는 차원이 달랐다. 단청 없는 목조건물인 각황전과도 잘 어울렸다. 이리 보고 저리 보며 마음껏 감상했다.

이 화엄사 흑매는 조선 숙종 때(1702) 장육전이 있던 자리에 각황전을 건립한 후 계파선사가 이를 기념해 심었다고 하니 나이가 300살이 넘었다.

옛사람의 매화사랑은 요즘보다 더했던 모양이다. 많은 이들이 일찍 피는 매화를 찾아 벅찬 감흥을 맛보기 위해 눈길을 헤치며 나섰다. 이처럼 추위도 가시기 전에 봉오리를 터뜨리는 매화를 찾아 나서는 것을 탐매라 했다.

탐매행은 선비들의 최고급 취미활동이었다. 매화를 지극히 사랑해 호까지 매월당(梅月堂)이라 지은 김시습은 이른 봄이면 언제나 매화를 찾아 산 속을 헤맸다 한다. '탐매'를 주제로 한 그의 시 중 한 수다.

"크고 작은 가지마다 휘도록 눈이 쌓였건만(大枝小枝雪千堆)/따뜻함을 알아차려 차례대로 피어나네(溫暖應知次第開)/옥골의 곧은 혼은 비록 말이 없어도(玉骨貞魂雖不語)/남쪽가지 봄뜻 따라 먼저 꽃망울을 틔우네(南條春意取先胚)."

올해는 어떤 탐매행이 펼쳐질 지 기다려진다.

(2010. 2. 25)

이팝나무를 보며

연둣빛 잎사귀 위에 밥알처럼 작고 흰 꽃이 무수히 피어 특별한 아름다움을 선사하는 이팝나무. 그 이름도 꽃이 피면 흰 쌀밥을 보는 듯해 붙여졌다. '이팝'은 쌀밥을 의미하는 '이밥'이 변한 것. 흰 꽃으로 뒤덮인 이팝나무 고목을 보면 수북이 쌓인 쌀밥을 연상할 만하다. 이 꽃을 처음 본 서양사람 눈에는 눈이 내린 것처럼 보였던지 '눈꽃나무(snow flower)'라고 명명되었다.

지금 이팝나무가 한창 꽃을 피우고 있다. 연둣빛 잎과 맑은 흰색 꽃이 어우러진 모습이 정말 볼 만하다. 잘 지은 흰 쌀밥을 보듯, 보는 이의 마음을 풍성하고 푸근하게 한다.

그 많던 봄꽃이 대부분 져버리고 신록이 산천을 물들인 요즘, 이팝나무꽃이 막바지 봄꽃 릴레이를 이어가고 있다. 대구의 경우 명덕네거리에서 영대병원 네거리에 이르는 도로의 가로수 이팝나무가 지난 주부터 꽃을 피우기 시작했고, 앞산 순환도로 가로수 이팝나무꽃도 지금 한창이다. 이밖에 시내 곳곳에서 이팝나무들이 탐스러운 모습을 선사하고 있다.

이팝나무는 대구광역시 달성군 옥포면 교항리와 경북 포항시 흥해읍 흥해향교 뒷산 등 전국 몇 곳에 군락지가 있고 천연기념물 고목 10여 그루가 있지만, 그리 흔한 나무는 아니다. 하지만 최근 들어 도심에도 가로수로 이팝나무를 심으면서 시민들이 쉽게 이팝나무꽃을 즐기는 복을 누리게 됐다. 대전의 유성 이팝나무거리에서는 해마다 이팝나무축제가 열리고 있다.

이팝나무와 관련된 전설을 알고 보면, 꽃을 보는 느낌이 더 각별하게 다가온다.

옛날 경상도 땅에 18세 때 시집을 온 착한 새색시가 시어머니의 온갖 구박을 받으며 살고 있었다. 한 번은 제사에 쓸 밥을 짓게 되었다. 잡곡밥만 짓던 며느리는 처음 쌀밥을 지으면서 혹시 잘못돼 꾸중을 듣게 될까 걱정이 되어, 뜸이 잘 들었는지 보려고 밥알 몇 개를 떠먹어 보았다. 그것을 보게 된 시어머니는 제사에 쓸 밥을 먼저 먹었다며 갖은 학대를 했다. 억울함을 견디지 못한 며느리는 어느날 뒷산으로 올라가 목을 맸다. 그 이듬 해 며느리가 묻힌 무덤가에 나무가 자라더니 흰꽃을 가득 피워냈다. 쌀밥에 한이 맺힌 며느리가 죽어 나무가 되었다며, 동네사람들은 그 나무를 이팝나무라 불렀다.

이팝나무꽃이 풍성하게 잘 피면 그 해 벼농사도 풍년이 드는 조짐으로 보았고, 그로써 이밥을 먹게 된다하여 이팝나무라 불렀다는 설도 있다. 수형(樹形)도 준수하고, 보름 정도 꽃을 피우는 동안 은은한 향기도 내뿜는 이팝나무는 우리나라의 남쪽지역과 일본 · 중국의 일부지역에서 자라는 세계적 희귀목으로 알려져 있다.

강변이나 도로, 공원 등 대구 · 경북 지역 곳곳에서 이팝나무꽃을 더 많이 볼 수 있으면 좋겠다. 꽃이 드문 시기에 탐스러운 꽃을 피우는 이팝나무 거리나 군락지가 잘 조성되면, 주민의 마음을 윤택하게 함은 물론 관광거리로도 각광받게 될 것이다.

(2009. 4. 30)

햇차를 맛보고

갓 수확한 농작물로 만들어 먹는 음식의 맛은 각별하다. 직접 농사를 지은 햅쌀로 밥을 지어 먹거나 햇감자를 삶아먹어 본 사람은 그 '신선한 맛'을 잘 알 것이다. 농작물이 자라면서 머금은 천지의 기운이, 그 생기가 온전히 담겨 있는 상태이기 때문일 것이다. 수확한 지 오래된 농작물로 만든 음식에서는 느낄 수 없는 맛이 있다. 그런 햇음식 중에 가장 기다려지는 것으로 햇차를 꼽을 수 있다.

지난 주 초에 대구에서 대규모 차 · 찻그릇 매장을 운영하고 있는 지인이 "햇차 맛보세요"라는 글과 함께 햇차를 보내왔다. 반갑고 설레는 마음으로 한 봉지를 바로 꺼내 뜯었다. 신선한 빛깔과 향기가 코와 눈을 즐겁게 했다.

다기를 깨끗이 씻고 차를 우렸다. 찻물 색깔이 옥빛처럼 맑고 고왔으며, 차맛 또한 좋았다. 올해 처음 햇차를 맛보는 즐거움을 만끽했다. 보내준 이의 고운 마음까지 느껴져 더욱 행복했다. 햇차 맛보는 즐거움을 함께 나누고자 차를 우려 주위 몇몇 사람들에게 맛을 보게 하기도 했다.

고려 말 삼은(三隱) 중 한 사람인 도은(陶隱) 이숭인이 지인으로부터 햇차를 받고 지은 시 '백염사혜다(白廉使惠茶)' 가 있다.

"선생이 나에게 화전춘을 보내주시니(先生分我火前春)/색과 맛, 향기 하나하나 새롭네(色味和香一一新)/하늘 아래를 떠도는 한을 깨끗이 씻어주니(滌塵天涯流落恨)/모름지기 좋은 차는 아름다운 사람같음을 알겠네(須知佳茗似佳人)."

당나라 시인 백거이도 햇차를 선물받고 시를 남겼다.

"옛정이 친한 벗에게 감돌아/햇차 나누어 병든 내게까지 보내왔네/붉은 종이에 쓴 글과 함께/녹차 몇 움큼은 화전춘이었네/물을 붓고 어안(魚眼)이 일도록 끓여/차 한 술 넣고 누런 차탕을 휘젓네/다른 이가 아니라 내게 먼저 보낸 것은/내가 특별한 차인이라서일까."

화전춘(火前春)은 한식 전에 딴 찻잎으로 만든 차를 말한다. 햇차를 보내준 이에게 전하고 싶은 마음을 표현하고 있는 시라 하겠다.

햇차를 보내 준 마음이 고마울 뿐이다. 햇차뿐이겠는가. 멋진 경치를 보면 애인과 함께 했으면 싶듯이, 좋은 술이 생기면 친구를 불러 함께 맛보고 싶고, 설중매가 피면 그 아취를 같이 나눌 이를 초대하고 싶어진다.

귀한 맛과 멋을 함께 나누고자 하는, 아름다운 마음이 세상을 윤택하게 한다. 이런 마음과 여유가 넉넉해지면 세상은 훨씬 더 살맛이 날 것이다.

5월은 햇차가 풍성한 차의 달이기도 하다. 육우의 '다경(茶經)'에 "목마르면 음료를 마시고, 근심과 원망을 벗으려면 술을 마시고, 정신을 맑게 하려면 차를 마시면 된다"고 적고 있다. 차의 달에 햇차를 맛보며 차를 가까이하는 시간을 갖는 것도 좋은 일이다.

(2009. 5. 7)

야생화의 매력

인간이 공들여 키우는 꽃보다 자연 속 야생화가 더 매력적인 이유가 뭘까. 거친 자연 환경 속에 적응하며 지니게 된 활기(活氣)가 충만하기 때문이 아닐까. 그런 야생화는 제각각 아름다울 뿐만 아니라, 다른 야생화나 주변의 초목과 어울려 만들어내는 조화로움은 더 각별하다. 화훼 재배로는 만들어내지 못하는 아름다움이고 매력이다.

사람 사는 세상도 이와 별로 다르지 않다고 본다. 야생화 같은 사람들이 어울려 사는 사회가 건강하다. 옳든 그르든, 부모가 시키는 대로만 하는 자식이나 조직이 요구하는 대로 순응하는 사람들만 있는 사회가 건강할까? 아니라고 본다. 머지않아 큰 병에 걸리고 위기를 맞게 될 것이다.

가족사회를 보자. 어릴 때 반항을 일삼고 말썽을 부리던 자식을 잘 보듬어 키워놓으면 나중에 말 잘 듣던 자식보다 더 효자 노릇을 하는 경우가 많다. 어려움이 닥칠 때도 대들보 역할을 한다.

조직도 마찬가지다. 다양한 개성을 가진 구성원이 조화를 이뤄야 건강을 유지할 수 있다. 평소 조직을 위해 쓴소리를 하는 직원은 모두 잘라 버리고, 회사 방침을 무조건 따르기만 하는 직원만 남겨 놓으면 조직이 건강할 수가 없다. 일시적으로 안정이 되더라도, 궁극적으로는 건강을 해치는 일이다.

전남 나주세무서 직원 김동일씨가 조직을 비판하는 글을 내부 통신망에 올렸다가 며칠 전에 파면당한 보도를 접하며 해보는 생각이다. 김씨는 지난 달 28일 국세청 내부 통신망인 '나의 의견'에 '나는 지난 여름에 국세청이 한 일을 알고 있다'는 제목 등으로 글을 올렸다. 그는 국세청이 전직 대통령 자살의 단초를 제공했다며 "국세청 수뇌부는 왜 태광실업을 조사하게 됐고, 왜 관할청이 아닌 서울청 조사4국이 조사했는지, 왜 대통령에게 직보하고, 그 이후 어떤 조치가 이뤄졌는지 밝혀야 할 것"이라고 주장했다.

국세청 수뇌부로서는 김씨의 행동이 참으로 달갑지 않았을 것이다. 하지만 이런 극단적 파면 조치로 언로를 차단하는 것은 결과적으로 조직의 건강을 약화시키는 일이라고 본다. 파면 조치는 무능·비리 직원에게 내릴 일이다. 이렇게 쓴소리를 외면하며 조직을 허약하게 만들면, 역대 국세청장들이 줄줄이 감옥에 가는, 국민의 지탄을 받는 모습을 계속 보게 될 것이다.

국세청에만 해당되는 일이겠는가. 중국 당태종이 역사상 빛나는 태평성대인 '정관의 치(貞觀之治)'를 열 수 있었던 가장 큰 요인은 직언(直言)을 잘 받아들인 일이다. 그가 신하의 직언을 받아들인 예는 책 한 권으로도 부족할 정도다. 당태종은 직언을 서슴지 않았던 대표적 신하인 위징이 죽자 "나의 잘못을 고칠 수 있게 했던 거울 하나를 잃었다"며 슬퍼했다.

사조직이든 공조직이든 야생화 같은 건강미를 갖추도록 노력할 일이다. 요즘은 특히 창의력과 개성이 힘을 발휘하는 시대가 아닌가.

(2009. 6. 18)

봄날은 간다

벚꽃이 흐드러지게 핀 봄날 밤. 도심 벚나무 가로수 아래에 화가들과 둘러앉았다.

미풍에 떨어지는 꽃잎이 탁자 위 술잔에 내려앉으면 그 잔 임자는 술을 마신다. 그리고 노래 부른다. 꽃잎은 눈처럼 난분분하게 춤추며 내린다. 봄 밤 홍취는 시간이 흐를수록 더해갔다.

대구시 남구 앞산네거리에서 앞산 쪽으로 올라가는 차도. 비교적 오래된 벚나무 가로수가 있는, 대구의 대표적 벚꽃거리 중 하나다. 몇 년 전 이 가로수 아래서 그렇게 봄밤을 보냈다. 전라도 순창 출신의 문인화가 구지회씨가 대구 청산향림에서 전시회를 연 날 뒤풀이 시간이었다.

당초 레스토랑 안에서 먹으려 했으나, 너무나 좋은 바깥 분위기에 이끌려 벚나무 아래 자리를 잡았다. 나중에 일행을 태우고 온 택시 운전기사도 그 분위기에 끌려 동참하기도 했다.

벚꽃 피는 봄날이면 떠오르는 순간이다. 함께 시간을 보낸 이들도 만나면 그 때를 떠올리며 추억을 이야기하곤 한다. 이 봄도 끝자락이다. 어느새 다 흘러가버렸다.

"지팡이 끌고 깊숙한 길을 찾아/여기저기 거닐면서 봄을 즐기다/돌아올 때 꽃향기 옷깃에 배어/나비가 훨훨 사람을 따라오네."

조선 시대 한 선사(禪師)가 남긴 시 '상춘(賞春)'이다. 나비가 옷깃에 밴 꽃향기를 따라 당신을 따라온 적이 있는가.

"꽃 찾아 나섰다가 나도 모르게 유하(流霞, 술의 일종)에 취해/나무에 기대어 잠 든 사이 해가 저물었네/술 깨고 보니 손님은 다 가고 한밤중이라/다시 촛불 밝혀 남은 꽃을 구경하였네."

중국 당나라 이상은(李商隱)의 시다. 시인의 꽃 사랑이 각별하다.

"대명천지 밝은 날에 어느 누가 보아줄까/들어나 가세 들어나 가세 삼밭으로 들어나 가세/적은 삼대는 쓰러지고 굵은 삼대는 춤을 춘다."

전라도 민요다. 삼대가 왜 춤을 추는가. 아이들이 놀고 있는가, 청춘남녀가 춘정을 나누는가.

봄 정취도 제대로 즐기지 못한 채 봄을 보낸 이들도 많으리라. 내년 봄을 기약하며 이런 시를 통해서나마 가버린 봄날의 아쉬움을 달래보자. 더운 날씨에다 유난히 '더운 일' 도 많았던, 답답했던 봄날은 이렇게 간다.

(2008. 5. 29)

2. 하늘과 신이 알고

하늘과 신이 알고

익숙한 것은 낯설게

"익숙한 것은 낯설게, 낯선 것은 익숙하게"

언젠가 수행 관련 가르침 중에서 이 문구를 본 적이 있다. 참으로 와 닿았던 문구 중 하나다. 특히 '익숙한 것은 낯설게'가 그렇다. 익숙해지는 것이 좋은 것만은 아니다. 익숙해진 시각에 갇히게 되기 쉽기 때문이다. 습관의 노예가 된다는 말일 것이다. 그러면 무엇을 제대로 볼 수 없게 된다.

수행은 깨어있는 정신을 유지하는 것, 따라서 익숙한 것에 매몰

되는 것은 금기시해야 할 점이다.

"이 세상에서 가을 짐승의 털끝보다 큰 것은 없고 태산은 작은 것이다. 어려서 죽은 아이보다 오래 산 자는 없으며 팽조(800살을 살았다는 인물)는 요절한 자다."

'장자'에 나오는 말이다. 상식적으로는 궤변으로밖에 안 들릴 것이다. 통상적 의식체계로는 이 세계를 알 수가 없다. "돌장승이 아이를 밴다"는 식의 선문답(禪問答)의 세계와 같다.

일체의 시비와 선악이나 모든 분별을 초월한 경지, 털은 작고 태산은 아주 크다고 알고 있는 의식세계를 넘어선 경지. 이런 도인의 경지까지 가지 않더라도, 익숙한 것을 낯설게 보려는 자세는 보다 충만한 삶을 살도록 하는데 큰 도움을 줄 것이다.

보통 낯선 것은 싫어하고 익숙한 것을 편하게 여기지만, 바람직한 일은 아니다. 익숙한 것에 숨어 있는 진정한 가치를 지나치는 어리석음을 범하기 십상인 것이다.

낯선 곳에 여행 가면 모든 것이 신기하게 다가와 즐거워진다. 아이들이 무엇이든 호기심으로 바라보며 즐거워하듯. 익숙한 것을 낯설게 볼 수 있으면 이런 삶을 더 많이 누릴 수 있지 않을까.

선입관이나 고정관념을 없애고 아이같은 백지상태의 호기심으로 보면 안보이던 게 보이고, 눈에 익은 것도 신비하게 다가온다. 일상적 삶도 새롭게 다가올 것이다. 과학자가 중요한 발명·발견을 하고, 시인이 좋은 시를 쓰는 원천도 '낯설게 보기'가 아닐까 싶다.

익숙한 시각에 갇히면 잃는 것이 많다. 습관적 의식, 상대적 세계관에서 벗어나 자유로운 시각을 갖는데 '익숙한 것은 낯설게'는 특효약이 될 것이다. (2008. 7. 10)

도로 눈을 감아라

"공짜 좋아하지 마라."

"빚지는 것을 호랑이보다 무서워해라."

어릴 적 어른들로부터 많이 들었던 말이다. 오랜 삶을 통해 체득된 지혜에서 나온 가르침이다.

무엇에 홀렸는지 한동안 이 가르침을 잊고 산 사람이 많았던 것 같다. 개인, 기업, 국가 모두 그랬다. 그 결과 지금 지구촌 전체가 사상 유례가 없는 경제 험로(險路)에 들어섰다.

지난해 12월 버나드 매도프 전 나스닥증권거래소 회장이 고수익을 미끼로 벌인 500억달러(68조원) 규모의 다단계 금융사기 사건이 불거졌다. 그 피해자 중 한 사람인, 경제전문 사이트의 칼럼리스트 로버트 파웰은 "실적을 의심하거나 보고서를 분석해 보지도 않고 고수익에 취해 오히려 돈을 더 넣으려 했던 자신에 대해 분노가 치민다"고 털어놓았다.

탐욕의 덫에 걸리면 아무 것도 안 보이는 것이다. 버락 오바마 미 대통령 당선자는 최근 금융감독기관 인선 결과를 발표하면서 "탐욕과 음모로 가득찬 월가의 문화를 바꾸는 일이 급선무"라고 강조했다.

이번 금융위기의 발화점이 된 파생금융상품 문제를 시뮬라시옹(가상세계가 현실세계를 넘어 현실마저 지배하는 것)으로 표현하는 학자도 있다. 실제 금융거래를 초월하는 막대한 규모의 신용파생상품(가상세계)이 실제 금융시장을 배후에서 조종했기 때문이다. 월가의 금융공학자들이 만든, 복잡한 신용파생상품의 실체는 자세히 아는 이도 거의 없었다고 한다.

빚에 의존한 '거품성장'의 가상세계 속에 도취돼 '시한폭탄'인 줄도 모르고 가지고 놀았던 셈이다. 가상세계는 깨졌다. 어떻게 해야 하나. 연암(燕巖) 박지원이 지인에게 보낸 편지다.

"…화담(花潭) 서경덕이 밖에 나갔다가 제 집을 잃어버리고 길에서 우는 자를 만나자 '너는 어찌 우느냐'고 물었소. '저는 다섯 살 적에 장님이 되었는데, 그런지 지금 20년입니다. 아침나절에 밖에 나왔다가 갑자기 천지만물을 환하게 볼 수 있게 되었습니다. 기뻐서 집으로 돌아가려니까 밭둑에는 갈림길이 많고 대문들은 서로 똑같아 저의 집을 구분하지 못하겠습니다. 그래서 울고 있습니다.' '내가 너에게 돌아갈 방도를 가르쳐 주마. 네 눈을 도로 감으면 바로 네 집이 나올 것이다.' 이에 장님이 눈을 감고 지팡이로 더듬으며 발길 가는대로 걸어갔더니 바로 제 집에 이르게 되었더라오. 눈을 뜨게 된 장님이 길을 잃은 것은 만물의 모습이 뒤바뀐 데다 희비의 감정이 작용했기 때문이오. 이것이 바로 망상이라는 것이오. 지팡이로 더듬고 발길 가는 대로 걸어가는 것, 이것이야말로 우리들이 분수를 지키는 참된 이치요, 제 집으로 돌아가는 확실한 방법이라오."

방종한 자본의 탐욕이 빚은 요즘 형국을 보면서 떠오른 글이다. 장님이 도로 눈을 감고 집을 찾아가듯이, 모두 그동안 '망상'에 취해 어지럽혀진 눈길을 거두어들이고 본분으로 돌아가는 것이 지금의 험로를 돌파하는 첩경일지도 모르겠다. (2009. 1. 15)

우주와 인간

하루살이는 밤과 낮이 있다는 것을 모르고, 매미는 사철을 알 수가 없다. 우물 안 개구리는 우물 안에서 보는 것을 세상의 전부로 안다. 그럼 인간은 어떨까.

사람들은 인간을 세상 최고의 존재로 보고, 모든 것을 인간 중심으로 생각하고 행동한다. 사람이 하루살이를 하찮게 보듯이, 이런 인간을 가소롭게 여기는 존재는 없을까.

불교와 천문학의 세계를 거닐어보면, 우주 안에서의 인간 존재를 제대로 인식하는데 큰 도움을 줄 것이다.

불교의 수미(須彌)세계는 수미산을 중심으로 4개의 대주(大州)가 사방에 분포돼 있다. 그리고 대주마다 2개의 중주와 무수한 소주가 있다. 이 수미세계에서 인간이 사는 세계는 남섬부주에 있는 해와 달 · 별을 지닌 하나의 소주로 태양계에 해당한다. 1천 개의 이런 수미세계가 소천세계를, 1천 개의 소천세계가 중천세계를, 1천 개의 중천세계가 대천세계를 이룬다. 삼천대천세계는 이들 전체를 말한다. 이런 세계가 우주에는 무수히 많으며, 이 전체를 통틀어 시방미진(十方微塵)세계, 또는 시방항하사수세계라 한다.

천문학자에 따르면, 수미세계는 수천억 개의 별로 이뤄진 은하에 해당한다. 그리고 소천세계는 은하들이 모인 은하단이고, 중천세계는 은하단들이 모인 초은하단이며, 대천세계는 초은하단들이 모인 초초은하단이다. 그래서 불교에서 말하는 시방미진세계는 은하들이 중력적 연기관계를 이루고 있는 천문학적 우주로서, 이를 우주 인드라망이라 한다.

이런 우주에서 태양계는 먼지 하나에 지나지 않는다 하겠다. 이 태양계에 사는 우리 인간은 어떤 존재인가. 태양의 일생은 100억년이라는데, 이를 100년으로 볼 때 인간의 일생(100년)은 30초 정도에 지나지 않는 찰나적 삶이다.

그리고 인간의 씨앗은 태양계가 태어날 때 지녔던 윗대 조상별이 흩뿌린 잔해에서 나온 것으로 본다. 그러기에 인간의 몸에는 조상별의 우주적 정보가 내재해 있다. 그렇다면 인간에게 씨앗을 준 별도 생명체이고, 결국 우주 만물은 모두 생명력을 지닌 거대한 연기적 유기체라는 것이다. 그런데도 인간을 우주에서 가장 우월한 존재로 생각한다면 착각이지 않을까. 지구촌의 갖가지 문제들이 이런 착각과 무관하지 않을 것이다.

인간중심 사고에서 우주적 사고로의 의식전환이 필요하며, 그래야만 이 우주에서 인간이 자연만물과 더불어 조화롭게 영속될 수 있다는 이야기에 관심이 간다.

천문학자들은 천문학적 세계관이 불교 우주관과 일치함을 계속 확인하며 놀라고 있다. 그리고 붓다가 인간을 포함한 우주 만물을 상대로 불법을 편 것이지, 인간만을 제도하기 위해 불법을 설한 것은 아니라고 말한다. 사람들이 인간세계는 물론 지구와 태양계를 넘어 광대무변한 우주를 품는 열린 마음을 깨닫기를 붓다는 원할 것이다.

우물 안 개구리라도 우물 밖 세상을 알고 산다면, 차원이 다른 삶이 될 것 아닌가. (2010. 5. 20)

인생을 즐겨라

걱정할 필요가 없는, 아무리 애를 써도 별 소득이 있을 수가 없는 일에 에너지를 소비하고 있음을 깨달을 때가 있다. 머리를 싸매고 고민해봤자 해결할 수 없는 일임에도 시간과 에너지를 낭비하며 걱정하는 일이 없지 않을 것이다. 이는 소위 '기우(杞憂)', 즉 쓸데없는 걱정을 하느라 삶을 허비하는 어리석음을 범하는 일이다.

기우는 "기나라에 한 사람이 있었는데, 그는 하늘이 무너지고 땅이 꺼지면 몸둘 곳이 없음을 걱정한 나머지 침식을 전폐하였다"라는 '열자(列子)'의 이야기에서 유래한다. 이 기나라 사람의 걱정 정도는 아닐지라도 이와 비슷한 걱정일랑 접어 두고, 삶과 자연이 주는 즐거움을 한껏 누리는 것이 지혜로운 일일 것이다.

정답을 도출하기 어려운 신(神) 문제는 어떨까.

영국 런던에는 지난해 말부터 "신은 아마 없을 것이다. 이제 걱정을 멈추고 인생을 즐겨라"는 문구의 광고판을 부착한 버스 800대가 다니기 시작했다.

당초 광고 문구는 "신은 없다"였으나, 영국의 광고 가이드라인에 맞추기 위해 '아마'라는 표현이 들어갔다 한다. 이 광고의 아이디어를 낸 사람은 희극작가 애리앤 쉬린. 그녀는 인터넷에서 "신을 믿지 않는 사람들은 영원히 고통 속에서 지내라"는 문구를 발견하고는 무신론 광고를 내기로 했다.

그녀는 광고를 위해 8천 달러를 모금하려 했으나, 베스트셀러 '만들어진 신'의 저자인 리처드 도킨스와 영국 인본주의자협회 등의 도움을 받으면서 20만 달러 이상을 모을 수 있었다. 덕분에 추

가로 지하철에도 1천 개의 광고판을 설치할 수 있었다. 재미있는 사회다.

일본의 한 무사가 선사(禪師)를 찾아가 고민거리를 물었다. “천당과 지옥이 정말 있습니까?” 선사는 그의 얼굴을 쳐다보며 “당신 같은 건달이 그런 걸 알려고 하다니…. 쓸 데 없는 질문으로 시간 뺏지 말게”라며 화를 돋우었다. 분노를 못 이기고 칼을 뽑는 그를 보자 선사는 “지옥의 문이 열리는구나”라고 말했다. 그 순간 장군은 마음을 돌이키고 칼을 거두며 허리를 굽혔다. 선사는 “이로써 천국의 문이 열리네”라고 말했다.

죽은 뒤의 천당과 지옥이 문제가 아니라, 우리가 살면서 천당과 지옥을 스스로 만들어감을 일깨우고 있다. 종교가 무엇이든 생전의 천당과 지옥은 도외시한 채 죽은 후의 일에 목을 매 삶을 즐기지 못한다면 불행이다.

자로(子路)가 스승 공자에게 ‘귀신 섬기는 도리’를 물었다. “사람 섬기는 도리도 아직 모르거늘 어찌 귀신 섬기는 도리를 알겠는가” “죽음에 대해 말씀해 주십시오” “삶의 도리도 깨닫지 못했거늘 어찌 사후의 일을 알 수 있겠는가”

공감 안할 사람이 얼마인지 모르겠다.

올해 달력도 한 장밖에 남지 않았다. 그동안 어떻게 살았는지, ‘기우’로 삶을 허비한 일은 없었는지 돌아보는 것도 의미 있는 일일 것이다. (2009. 12. 10)

글쓰기의 고통

영남일보 문화면의 '문화산책' 필진으로 선정돼 글을 쓰고 있는 지인이 글쓰기의 어려움에 대해 이야기한 적이 있다. 머리가 지끈지끈 아프고 몸살까지 할 정도인데, 두 달 동안 매주 한 번씩 쓸 것을 생각하니 아찔하다는 것이었다. 글을 쓰겠다고 허락한 것이 후회된다고 말했다.

그이뿐만 아니다. 아는 외부 필진 대부분이 글쓰기의 고통을 토로한다. 그러면서 글을 매일 쓰는 사람들이 존경스럽다는 말도 한다.

전문 분야의 일을 하는 사람들이라 "당신이 글까지 쉽게 잘 쓰면 글 쓰는 것이 업인 이들은 어떻게 하느냐"고 농담 삼아 이야기하기는 했다. 물론 글을 전문적으로 쓰는 사람들이라고 글을 쉽게 쓰는 것은 결코 아니다. 창작의 글은 아무리 써도 어렵다. 소설가든, 시인이든, 수필가든 마찬가지다. 쉽게 글을 쓴다는 작가는 본 적이 없다. 하나같이 글쓰기의 고통을 이야기한다. 기자도 그 축에 들지 모르겠다.

'한국문학 사상 최단기간 내 100만부 돌파 소설'이라는 '엄마를 부탁해' 작가 신경숙씨가 최근 한 인터뷰에서 한 말이다. "책상에 앉아있을 나를 생각하면 너무 절망스럽죠. 내가 또 해낼 수 있을까, 이걸 또 뚫고 나갈 수 있을까 하는 불안감에. 작품을 새로 시작할 때마다 공포를 느낄 지경까지 가요. 끊임없이 그래요. 그래도 이 일을 하는 건 뭔가 자신이 행복해지기 때문이겠죠" 고통 속에서도 글쓰기를 계속하는 이유도 함께 말하고 있다.

팬들이 적지 않은 시인 김선우씨가 지난달 대구에서 지인의 주선으로 오붓한 작품 낭독회를 가진 일이 있다. 참석자들과 대화 시간에 글쓰기의 고통에 대해서도 이야기했다. 그는 "마음에 드는 한 문장을 얻을 수 있다면 팔 하나를 자를 수도 있다는 생각도 했다"고 표현했다. 쉽게 바로 나오는 글은 결코 없음을 강조했다.

중국 송나라 구양수는 글을 지으면 벽에다 붙여놓고 볼 때마다 이를 고쳤는데, 완성되고 나면 처음의 것은 한 글자도 남지 않은 적이 많았다고 한다. 또한 소동파가 그 유명한 '적벽부(赤壁賦)'를 지었을 때, 사람들은 그가 단숨에 지은 것으로 알았다. 그러나 그 글을 짓느라 버린 초고(草稿)가 수레 석 대에 가득했다고 한다. 그 어려움이 어떠했겠는가.

"다섯 자의 시구를 읊조리느라(吟成五字句)/일생의 심력을 다 바치었네(用破一生心)"라거나 "한 글자 알맞게 읊조리려고(吟安一箇字)/몇 개의 수염을 비벼 끊었던가(撚斷幾莖髭)"라고 읊은 옛날 시인들도 있다. 독자에게 심금을 울리고 공감을 주는 문장들은 이 같은 고통을 거름으로 탄생한다.

요즘 신춘문예의 계절이라 피를 말리는 글쓰기의 고통이 더 각별히 다가온다. 응모작을 완성하기 위해 '비벼 끊어낸 수염'이 곳곳에 수북이 쌓였을 것이다.

남발되는 글이 아니라, 이런 천사만려(千思萬慮) 끝에 나오는 좋은 글들이 더 많아지고 널리 읽혀지면 세상은 훨씬 아름다워질 것이다. (2009. 12. 17)

추장 눈에 비친 '문명인'

사람들은 행복한 삶을 추구한다. 대부분 현대인은 행복을 위해 가장 필요한 것이 돈이라고 생각하며, 부를 축적하려고 최대한 노력한다. 이런 '문명인'의 삶을 지켜본 사모아 추장의 눈을 통해 우리 모습을 한 번 비춰보자.

"사랑의 신에 대해서 유럽인에게 말해 보라. 얼굴을 찌푸리고 쓴웃음을 지을 뿐이다. 사고방식이 어린애 같다며 비웃고 있는 것이다. 그런데 동그란 모양의 금속이나 무거운 종이 쪼가리—그들이 돈이라고 부르는 것을 건네주어 보아라. 순식간에 눈이 빛나고 입술에서는 흥건히 침이 흐른다. 돈이 그들의 사랑이며, 돈이야말로 그들의 하나님인 것이다.

돈을 위해 웃음과 명예 · 양심 · 행복도, 아내나 자식까지도 바쳐버린 사람이 많다. 거의 모든 사람이 그 때문에 자기 건강조차 바쳤다. 매일 매시간 모든 순간을 그들은 돈에 관해 생각한다. 아이들조차도. 아이들도 돈에 대해 생각하지 않으면 안된다. 생각할 의무가 있다. 어머니에게서도 아버지에게서도 그렇게 배웠다. 그리고 무엇을 하더라도 돈을 지불해야 한다. 단 한 가지 유럽에서도 돈을 빼앗기지 않고 누구나 마음대로 할 수 있는 것을 찾아냈다. 공기를 마시는 일이다. 하지만 그것도 그들이 잊고 있었기 때문이 아닌가 싶다. 나의 이런 말이 유럽인에게 들리기라도 하면 숨을 쉬는 데도 당장 동그란 금속과 무거운 종이가 필요하게 될 것이다.

백인의 세계에서 한 인간의 무게를 재는 것은 기품도 아니요, 용기도 아니며, 마음의 빛남도 아니다. 하루 동안에 얼마나 많은 돈을 벌 수 있는가, 얼마나 많은 돈을 튼튼한 쇠상자 속에 숨겨두고 있는가에 달려 있다. 그들 중에 누구 하나 돈을 단념한 자는 없다. 돈을 바라지 않는 사람은 '바보' 라며 비웃음을 당할 뿐이다. '돈을 많이 가지는 것은 행복의 근본' 이라고 말한다.

명민한 내 형제들이여! 우리들은 모두가 가난하다. 우리들 고장에는 상자에 가득찬 동그란 금속도 무거운 종이도 없다. 하지만 부자인 그들의 눈은 흐려져 있고 지쳐 있으나, 너희들의 눈은 크나큰 빛처럼 반짝이고 있다. 기쁨에, 힘에, 생명에, 그리고 건강에 넘치며 빛나고 있다. 너희들 눈은 그들 나라에서는 어린애밖에는 없다. 말도 하지 못하고 아직 아무 것도 모르는 어린애밖엔 없는 것이다."

100여 년 전 사모아의 추장 투이아비가 유럽 여러 나라를 돌며 보고 느낀 것을 동족에게 전해주기 위해 정리한 내용 중에서 발췌한 것이다. 그에게 지금의 현대인은 더 이상하게 보일 것이다. 지금의 세계 경제위기를 본다면 그가 어떤 이야기를 해줄까. '박연차 로비사건' '장자연 사건'을 보면 또 무슨 말을 할까.

우리 내면의 소리이기도 한 이 추장의 시각으로 깊이 성찰해야 할 사람들이 너무나 많다. 그는 자신들의 행복을 위해 "악의 수렁으로 끌고 가는 돈으로부터 우리 몸을 지키자"고 호소했다.

(2009. 4. 2)

기계를 거부한 노인

얼마 전 일이다. 퇴근하면서 회사 부근의 한 은행 자동입출금기를 찾았다. 통장을 정리한 뒤 카드를 넣고 안내에 따라 비밀번호와 인출금액을 눌렀다. 그런데 안내도 없이 그 뒤 과정이 진행되지 않았다. 곧 작동이 중단되고, 카드도 나오지 않았다. 기계 가동 시간이 지나면서 자동으로 멈춘 것이다.

기계 옆에 부착된 전화기는 불통이어서 다른 안내 전화번호를 눌러 통화하려 했으나 계속 실패했다. 그러는 사이에 기계 덮개까지 자동으로 덮이면서 기계 위에 놓아두었던 지갑도 가둬버렸다. 건물의 경비원에게도 도움을 청했지만 별 소용이 없었다. 그 은행의 아는 직원과도 연락이 안돼, 114에 전화해 은행 직원과 직접 통화할 수 있는 전화번호를 알려달라고 했다. 어렵게 통화에 성공, 사정을 얘기할 수 있었다. 잠시 후 기계를 담당하는 회사 직원이 왔다. 한참 동안 기계를 점검한 후 어디로 전화하더니 문제를 해결했다.

황당하고도 난처한 일이었다. 더구나 약속 시간을 앞두고 당한 일이라 속을 적잖이 태웠음은 물론이다. 큰 일은 아니었지만, 자동화 기계는 편리하면 할수록 그만큼 더 큰 위험과 불편함도 안고 있음을 새삼 확인했다.

최근 도요타 자동차 리콜사태의 원인과 관련, 한국의 한 기계공학자는 전자기술에 너무 의존한 도요타의 자동시스템이 문제의 핵심이라고 분석했다. 일본은 자동차를 일찍이 전자제어방식으로 택한 반면, 독일은 자동차를 매우 기계적으로 다룬다는 것. 그래서 엔진이 꺼지거나 배터리 동력이 나가도 독일차는 사람 힘만으로도 핸들을 꺾고 차를 세울 수 있으나, 일본차는 통제가 어렵게 된다. 브레이크도 핸들도 안 듣는다. 물에 빠졌을 경우는 더 극명하게 달라진다. 독일차는 수동으로 유리창을 내려 탈출을 도모할 수 있으나, 일제차는 유리창을 열 수도 없는 상황이 된다.

전자장치는 기계의 보조수단으로 사용돼야 함에도 기계적 기능마저 전자장치에 맡기니, 주객이 전도되고 치명적 위험상황을 초래하게 되는 것이다.

‘장자’ 에 나오는 이야기이다. 공자의 제자 자공이 초나라를 유람하다, 한 노인이 우물에서 물을 길어 밭에 대고 있는 것을 보았다. 힘은 많이 드나 효과가 별로 없는 방법임을 딱하게 여긴 그가 한 기계를 소개했다. 힘은 적게 들고 효과가 큰 기계임을 말하자, 노인은 웃음을 띠며 말했다.

“스승에게 들은 것이지만, 기계를 사용하면 기계에 의지하게 되고, 기계에 의지하는 마음이 생기면 자연 그대로의 순박한 본성을 잃게 마련이지. 그렇게 되면 신령스러운 생명의 작용이 안정을 잃게 되며, 그 결과 도에서 벗어나게 되는 법이네. 기계를 알지 못해서가 아니라 부끄러이 여겨서 사용하지 않을 뿐이네.”

자동화 기계나 시스템이 주는 편리와 효율의 마력에 너무 홀려 있는 시대다. 도를 떠나서라도, 보다 주체적이고 건강한 삶을 위해 ‘노인의 마음자세’ 가 필요하다고 본다. 만드는 이든, 사용하는 사람이든.

(2009. 4. 15)

말의 힘

며칠 전 대구 시내에 볼 일이 있어 623번 버스를 이용했다. 버스 문이 열리자 기사가 친절하게 “안녕하세요”라며 인사를 건넸다. 순간 내 마음이 밝아졌다. 30대 중반으로 보이는 남자 기사가 건네는 인사말에서 진심이 느껴졌기 때문이다. 절로 "예, 수고하십니다"라는 대답이 나왔다. 기사는 승객이 내릴 때도 마찬가지로 "안녕히 가세요"라고 인사했다. 승객도 대부분 "수고하세요"라는 응답과 함께 밝은 기분으로 버스에서 내렸다.

손님이 타고 내릴 때마다 기사는 친절하게 인사를 건네며 승객을 기분 좋게 만들었다. 승객을 위하는 마음은 인사로만 그치지 않았다. 노인이 타면 자리에 앉을 때까지 출발하지 않았고, 할머니가 하차를 서두르자 차가 선 뒤 천천히 내려도 된다며 편안히 앉아 있도록 했다.

그 기사 덕분에 차 안의 승객들은 모두 표정이 환하고 편안했다. 기사가 건네는 부드러운 인사 한 마디가 버스 안을 미소가 감도는 곳으로 만들어놓고 있었다.

화기(和氣)가 넘치는 그 버스 분위기는 20분 후 환승(換乘)한 다른 버스의 분위기와 확연히 대비되었다. 환승한 버스에는 대부분의 버스처럼, 인사도 오고가지 않고 무표정한 사람들이 오르내릴 뿐이었다.

남을 위하는 한마디 말이 얼마나 큰 힘을 발휘하는 지를 새삼 깨닫게 되었다. 상대를 배려하는 긍정적인 말의 위력을 실감케 하는 일화를 하나 소개한다.

다산 정약용이 강진 유배시절, 글을 배우던 15살 나이의 황상(黃

裳)에게 어느 날 문사(文史)를 공부할 것을 권했다. 황상은 자신 없는 낯빛으로 사양하며 말했다.

"선생님. 저는 세 가지 병통이 있습니다. 너무 둔하고, 앞뒤가 꽉 막혀 있으며, 분별력도 없어 답답한 것입니다."

다산이 말했다. "배우는 사람에게는 세 가지 큰 병통이 있다. 잘 외우는 사람은 공부를 소홀히 하고, 글 짓는 재주가 뛰어나면 글이 들떠 경박하며, 이해력이 빠른 이는 거칠다는 폐단이 그것이다. 그런데 네게는 그런 병통이 하나도 없다."

그러면서 끊임없이 노력하면 오히려 더 큰 성취를 이룰 것이라고 용기를 심어줬다. 자신감이 부족한 학생을 이끌어주는 다산의 가르침이 감동적이다. 황상은 다산의 말을 마음 깊이 새긴 뒤 끊임없이 노력, 다산의 제자 중 최고의 시인이 되는 성취를 이뤘다. 황상은 그 날 이후 60여년 동안 한시도 다산의 가르침을 잊지 않았다고 훗날 회고했다.

이처럼 남을 위하는 마음을 내고, 그 마음을 말로 잘 표현하는 것은 참으로 중요하다. 부드러운 말 한 마디는 사람을 움직이고 세상을 천국으로 만든다.

그 버스 기사를 보며 그의 언행을 닮아보자는 다짐을 해보았다. 천성(天性)이 기사보다 못해 얼마나 실천할 지는 모르겠지만. 자꾸 자극받고 노력하다보면 나아지지 않겠는가.

(2009. 4. 23)

충고의 어려움

누구에게 충고(忠告)를 제대로 하기란 정말 쉽지 않다.

상대를 위한다고 하는 충고지만, 대부분 별 효과를 못 거둔다. 실제로는 상대의 허물을 개선시키지 못하는 것이다. 말로는 받아들이더라도 마음 속으로는 그 충고를 그대로 소화하지 못하는 경우가 보통이다.

오히려 충고는 두 사람간의 관계를 손상시키기 십상이다. 애정이나 우정, 인간관계에 금이 가게 하는 요인이 된다.

아들에게 엄마나 할머니가 "게임 좀 하지마라" "공부 열심히 해라" "음식 좀 골고루 먹어라" "좀 자주 씻어라"는 말을 수시로 한다. 부드럽지 않은 말로 할 때도 있다. 물론 아이를 위해서 하는 말이다. 그러나 옆에서 보면 그런 타이름이 별로 아이를 변화시키지 못함을 본다.

오히려 반대쪽으로 악화시킨 측면도 있다. 대학생이 된 지금도 그런 식의 '충고'는 변하지 않고 있다. 침묵보다 못한 충고가 아닌가 생각한다.

세심한 배려와 함께 정성을 다하는 충고가 아니면, 상대에게 감동을 주기가 어렵다. 오히려 부담으로 남게 된다.

퇴계(退溪) 이황(1501~1570)은 충고를 극도로 아낀 인물이다. 섣부른 충고는 인간관계에 상처가 된다고 믿었기 때문이다. 형제들간에도 "정성을 다하지 않은 충고는 상처만 남긴다"며 조심했다.

퇴계는 충고가 꼭 필요하면 간접적인 수단인 편지를 이용했다. 그리고 상대가 감동을 하도록 지극한 성의를 다한 충고를 했다. 상처받지 않게 세심한 배려도 담았다. 상대가 충고를 온전히 받아들일 수 있도록 최선을 다했던 것이다.

그런 방법으로 급한 성격과 음주, 자만심 등에 대해 충고함으로써 훌륭한 인재로 다듬었던 대표적 인물로 퇴계 3대 제자 중에 한 사람인 월천(月川) 조목을 꼽을 수 있다.

충고를 가볍게 하지 말고, 남발하지 말자. 진심으로 받아들이게 하지 못하는 충고는 상대가 겉으로는 고맙다고 해도, 속으로는 불편해하고 싫어한다. 부담만 가중시킬 수도 있다.

지극한 성의를 다한 충고가 아니라면 안 하는 게 낫다. 침묵보다 못하다. 칭찬할 부분을 찾아 칭찬하도록 애쓰는 것이 더 필요하다.

(2008. 5. 8)

먼저 인간이 돼라

"먼저 인간이 돼야 한다."

어린 시절에 어른들로부터 누누이 듣던 말이다. 공부만 잘해서는 안되었다. 먼저 부모와 어른을 공경하며, 정의롭고, 다른 사람을 배려하는 인간이 되는 것이 중요하다는 가르침을 항상 강조했다. 그리고 실제 비도덕적 행위를 하게 되면, 그런 분위기의 힘에 눌려 부끄럽게 생각하고 반성해야 했다.

지금은 그렇지 않은 것 같다. 어디서나 성적이 최우선이다. 아이들 인성교육은 뒷전이다. 대부분 공부만 잘 하면 다 넘어가는 현실이다. 부모도, 학교 선생님도 다 그렇다. 사회도 그것을 부추긴다. 개개인의 삶과 사회의 건강을 좌우할 도덕성 함양은 뒷전인 것이다. 황금만능 · 물질만능주의에 빠져 있기 때문이다.

그로 인해 물질적으로는 예전과 비교도 안될 정도로 풍족하게 살지만, 인간 삶의 행복지수나 사회의 건강성은 예전보다 못하다. 상상하기도 힘든 온갖 범죄와 사건이 빈발하고, 세상은 갈수록 각박해지고 있다.

그래도 경쟁지상 · 황금만능 풍조에는 브레이크가 아직 걸리지 않고 있다. 치명적인 일들을 얼마나 더 겪어야 깨닫게 될까.

인성교육은 특히 머리가 좋은 영재나 엘리트에게 절실하다. 이들이 결국 사회 각계를 이끌며 모두에게 지대한 영향을 미치기 때문이다. 이들이 모두 훌륭한 인성을 갖춘다면 인류의 삶은 확 바뀔 것이다.

1937년 미국 하버드대 남학생 중에서도 똑똑하고 야심만만한 268명을 선발한 후 72년에 걸쳐 그 삶을 추적한 인생연구 결과가 최근 공개됐다. 결론은 '삶에서 가장 중요한 것은 인간관계' 이고, 행복한 삶을 영위하는 데 제일 필요한 요소는 고통에 적응하는 '성숙한 자세' 였다. 인성이 성공적 삶을 좌우하는 것이다.

안철수 카이스트 교수가 최근 TV에 출연, 최고 성적을 안 줄 수가 없는 수재들을 10년 후에 보니까 대부분 감옥에 가 있더라는 미국 와튼스쿨 법대 교수 이야기를 소개하며 "과연 머리만 좋고 개인적 성공만 추구하는 사람이 우리 사회에 도움이 되는가를 심각하게 생각해보지 않을 수가 없다"라고 말했다. 세계 금융위기도 이런 수재들이 초래했다.

엘리트의 도덕성이 얼마나 중요한 지 말해준다. 가공할 재앙을 예견하게 하는, 최근 한·미 주요 기관에 대한 사이버테러를 보면서도 같은 생각을 하게 된다. 그 인성이 어떠하냐에 따라 누구는 재앙을 부르는 컴퓨터 바이러스를 만들고, 누구는 그것을 막을 백신을 만드는 것이다.

"총명하고 슬기롭더라도 그것을 어리석음으로 지키라(聰明思睿守之以愚)"고 공자는 강조했다. 모든 문제의 근본 해결책은 인간 됨됨이에 있다. 특히 영재(英材)·수재(秀才) 교육은 인성 교육이 우선돼야 한다. 그렇지 않으면 아무리 대책을 강구해도 그들이 부르는 재앙은 끊이지 않을 것이다.

(2009. 7. 16)

보석같은 존재

몇 년 전 신문사 건물 지하 1층 매장에서 녹즙집을 운영하던 여인이 이런 말을 한 적이 있다. 온종일 지하공간에 있다보니 마음이 답답하고 우울해져 가끔씩 지상으로 올라가 햇빛을 보며 숨통을 터야 생활할 수 있다고.

그렇다. 답답한 상황이 지속되기만 한다면 사는 게 힘들 수밖에 없다. 숨통 트는 일이 한 번씩 있어야 한다.

요즘 자연계는 꽃들에 이어 신록이 수놓는 봄의 절정이지만, '인간계' 는 아직 봄이 아닌 것 같다. 서민을 열받게 한 새 정부 장관 후보자들의 언행, 이어지는 유아납치 사건과 경찰의 한심한 대응, 짜증나게 하는 총선 후보 공천 다툼과 선거 과정, 이물질 식품 속출 등 보고 듣는 세상 모습은 빨리 벗어나고픈 '한겨울' 일 뿐이다.

다행히 답답함을 가시게 해주는 이야기를 접할 수 있어 숨통을 틀 수 있었다. 지난달 26일 납치 · 성폭행을 하려고 안양의 한 아파트 승강기에서 초등생을 마구 때리며 끌고 가려던 범인의 손에서 아이를 구하는 이웃 여대생의 모습은 정말 가슴을 뭉클하게 했다.

그는 당연한 일을 한 것이라며 '용감한 시민상' 도 사양했고, 자신의 이름조차 드러내지 않았다. 보석 같은 존재가 아닐 수 없다.

며칠 후에는 장애인 아들을 둔 90세 할머니가 10년 동안 모아온 자신의 장례비용(201만원) 봉투를 환경미화원 4명이 서울의 한 폐

기물 집하장에서 발견, 어렵게 수소문해 찾아줬다는 이야기를 읽을 수 있었다.

이들이 바로 우리 사회의 근간을 썩지 않게 하는 소금 같은 존재다. 이같은 서민들이 있기에 인간사회의 봄날도 기약할 수 있다. 이런 아름다운 마음이 우리 사회에 가득해지는 날이 빨리 오기를 바라지만, 모두를 무한 경쟁으로만 내몰고 있는, 양심과 배려를 모르는 사회라서 안타까울 뿐이다.

결국 '나'에게 달려있다. 나와 너가 보석같은 존재가 되어 주위 사람에게 청량제가 되고 소금이 되어준다면, 그 봄날도 머지 않을 것이다.

총선으로 물갈이된 새 국회에도 민생을 위하는 '봄기운'이 가득하기를 기대해본다. (2008. 4. 10)

하늘과 신이 알고…

사람이 정당하지 않은 일을 하려면, 비록 남이 모르더라도 마음이 편하지 않다. 양심이 그 잘못됨을 알기 때문이다. 그런데도 사리사욕에 눈이 어두워져 양심의 경고를 무시해버린다. 그리고 당사자 말고는 아무도 모를 것이라 믿고, 잘못은 영원히 드러나지 않을 것으로 생각한다. 정치인, 공무원 등이 부정을 저지른 대가로 뇌물을 받을 때도 마찬가지다.

대부분 인간이 이처럼 어리석다. '내가 알고 네가 아는 일'이 어떻게 영원히 묻힐 것으로 믿느냐는 말이다. 자신의 마음도 언제 어떻게 변할지 모르는데, 하물며 남의 마음이야 더 말할 것도 없을 것이다. 특히 뇌물을 건네는 사람은 보다 큰 이익을 얻는 것이 목적이기 때문에 상황 변화에 따라 사욕을 위해 언제든지 변할 수 있다. 눈앞의 이익에 눈이 멀어 이런 이치를 놓치고 비밀이 유지될 것이라 믿는 것이다.

검찰의 '박연차 게이트' 수사로 많은 정 · 관계 인사들이 잔인한 봄날을 보내고 있다. 검찰의 칼날이 전직 대통령을 지나 현 정부의 여권 실세를 겨누고 있고, 이어 법원과 검 · 경의 고위간부 등에게 향할 전망이다. 이 사건 관련자들도 뇌물을 주고받을 때는 당사자 말고는 아무도 영원히 모를 것이라고 믿었을 것이다.

뇌물의 유혹에 빠지기 쉬운 사람들이 새겨들어야 할 이야기가 있다.

중국 후한(後漢)시대 관서(關西) 출신의 양진(楊震)이라는 고결한 선비가 있었다. 박학하면서도 청렴결백한 인물이었기에 당시 사람들로부터 '관서의 공자'라는 칭송을 받았다. 양진이 한 지방의 태수로 임명되었을 때의 일이다. 부임 도중 하루 저녁 묵는 곳에 그 고을의 현령(縣令)인 왕밀(王密)이 찾아왔다. 왕밀은 양진이 형주의 자사로 있을 때 그 능력을 보고 관리로 등용했던 사람이다.

흥겹게 옛날 이야기를 나누던 중 왕밀은 옷소매에서 황금 10근을 꺼내 양진에게 주려고 했다. 양진은 온화하지만 단호하게 거절했다.

"나는 자네의 학식과 인물을 잘 기억하고 있네. 그런데 자네는 내가 어떠한 인간인지 잊고 말았네 그려."

"아닙니다. 태수님이 얼마나 고결한 분이라는 걸 마음 깊이 명심하고 있습니다. 단지 지난날의 은혜에 보답코자 할 뿐입니다. 그리고 깊은 밤중이라 아는 사람이 아무도 없습니다(暮夜無人知)."

왕밀의 대답에 그가 엄숙하게 말했다.

"아무도 모른다는 것은 당치 않은 말일세. 하늘이 알고 신이 알며, 자네가 알고 내가 알고 있지 않은가(天知神知 子知我知)."

이 말을 듣고 왕밀은 크게 부끄러워하며 물러갔다.

이 고사에서 유래한 '사지(四知)'는 세상에 비밀은 없다는 것을 잘 일깨워준다. 특히 공직자에게 필요한 가르침이다. 뇌물 수수의 유혹과 기회가 있을 때마다 죽비로 삼아 양진처럼 처신해야 망신당하는 일이 없을 것이다. 공직자 모두 이 사지를 좌우명으로 삼고, 사무실마다 크게 써붙여 경각심을 잃지 않게 된다면 세상이 많이 달라지지 않을까 싶다.

(2009. 5. 14)

3. 빗속 작은 음악회

빗속 작은 음악회

얼마나 유연한가

생기 넘치는 신록. 그 본질은 부드러움이다. 유연함이다. 봄은 부드러움의 세상이다.

특히 수양버들을 보면 연둣빛의 아름다움과 함께 그 유연함이 항상 부럽다. '나는 얼마나 유연한가'를 생각한다.

얼마 전 절친한 벗과 술자리를 함께 했다. 술 기운이 더해 가는 가운데 이러저런 주제에 대해 약간은 열띤 대화를 나누던 중 한 친구가 말했다. '절대'라는 말은 쓰지 말라고.

순간 정신이 번쩍 들었다. 유연한 마음을 유지하려고 나름대로 노력한다고 생각했기 때문이다. '아직 멀었구나' 라는 생각이 스쳤다. '절대' 라는 말을 쓰면서 내 생각을 강요하는 면을 못 버리고 있음을 확인할 수 있었던 것이다.

생명체는 생명이 다하면 부드러움을 잃고 굳어진다. 사람과 동물의 몸이나 초목이 다 그렇다. 우리의 마음은 어떨까. 마음도 유연함을 잃으면 죽은 것이나 다름없지 않을까.

아집과 독선에 빠져 마음이나 사고가 경직되면, 주위 사람에게 자신의 생각을 강요하게 되고, 다른 사람의 지적이나 비판을 받아들이기 어렵게 된다. 그러면 자식이나 배우자, 동료나 부하직원의 건강한 성숙과 삶을 해친다. 가정과 조직에 해로운 존재가 된다.

최근에 텔리비전에서 보았다. 인도의 한 사원에서 힌두교는 물론 이슬람교, 기독교, 조로아스터교 등 여러 종교 신도들이 함께 어울려 순차적으로 예배를 드리는 것이었다. 정말 보기가 좋았다. 유연한 마음과 사고가 아니면 가능한 일이겠는가.

나이가 들수록 몸은 굳어지더라도 마음은 점점 유연해지는 것. 우리가 지향할 바가 아닌가 싶다. 유연한 마음은 모든 것을 수용한다. 사랑과 자비, 배려와 칭찬도 유연함에서 온다. 모두가 원하는 행복과도 직결된다.

'나' 가 없는 완전한 부드러움에 이르는 것이 곧 해탈이고, 천국에 이르는 것일지도 모른다.

유연한 마음은 어떻게 만들어갈 것인가. 끝없이 노력하는 수밖에 없다. 몸 만들기에 애쓰듯이, 수시로 반성하고 마음을 챙기며 '유연한 마음 만들기'에도 신경 쓸 일이다. 보다 살 만한 인간 세상을 위해 가장 필요한 일이 아닐까. (2008. 4. 16)

나무 심기와 아이 키우기

신록이 생기 충만한 빛을 한껏 발하는 5월이다. 아이들이 5월의 신록처럼 심신이 건강하게 자랐으면 하는 것이 모두의 바람일 것이다. 하지만 아이를 위한다는 어른의 언행이 오히려 건강한 성장을 방해하는 경우가 많은 것이 현실이다.

중국 고대의 유명한 시나 글을 모은 '고문진보'에 나오는 유종원의 종수(種樹) 곽탁타전의 내용이다.

"곽탁타는 나무 심는 일이 자기의 본업이다. …그가 심은 나무는 때로 옮겨 심는다 해도 죽는 일이 없었으며, 크고 무성하게 자라서 열매 맺는 것도 훨씬 빠르고 그 수량도 그렇게 많을 수가 없었다. 다른 사람들이 그것을 본받으려 해보았지만, 도무지 그렇게 되지 않았다. 탁타에게 누가 나무 심는 법을 물으면, 그는 이렇게 대답했다.

'나라고 해서 별다른 재주가 있어 나무를 오래 살게 하거나 잘 자라게 하는 것은 아니오. 다만 나무가 천성을 따라 그 본성을 잘 발휘하게 돌봐주는 것 뿐이지요. 나무의 자연스러운 성질이란 대개 이러하오. 나무의 뿌리는 구부려지지 아니하고 그대로 쭉 뻗어나가기를 좋아하고, 비료는 고르게 받고자 하며, 흙은 그 나무가 처음 심어졌던 본래의 흙을 좋아하고, 또 뿌리를 다져줄 때는 꼭꼭 다져서 빈틈이 없도록 해주기를 바라오.

나무의 본성에 따라 그렇게 해주었거든, 그 다음에는 나무를 건드리지 말고 행여 죽지 않을까 염려할 것도 없소. 다시금 돌아보지 않는 것이 좋소. 처음 심을 때는 그렇게 정성을 들이고, 심은 뒤에는 나무를 버려두기를 아주 버린 것처럼 하는 것이오. 그렇게 하면 그 나무는 타고난 본성을 다치지 아니하고 자연의 성을 따라 쭉쭉 뻗어나가 한껏 열매를 맺게 되는 것이오. 그러므로 나무의 성장을 해치지 아니할 뿐이지, 내게 나무를 크고 무성하게 자라게 하는 무슨 별다른 재주가 있는 것이 아니오.

그런데 사람들은 그렇게 하지 않소. 뿌리는 구부리고 흙을 바꾸며, 비료는 과하거나 모자라게 하오. 비록 그렇게 하지 않는 사람이라도 나무를 지나치게 사랑하고 근심한 나머지, 너무 부지런하게 아침에 나가 보고 저녁에 어루만져주며, 돌아왔다가는 또다시 돌아보오. 정도가 심한 사람은 나무껍질에 손톱자국을 내어 죽었는지 살았는지 시험해보기도 하고, 나무뿌리를 흔들어 보기도 한다오. 그러니 나무는 날이 갈수록 한없이 성장할 수 있는 그 자연의 성을 잃어버리고 오그라들기 시작하는 것이오.

이런 사람들은 나무를 사랑한다고 하지만, 사실은 그것이 도리어 나무의 성장을 방해하는 것이오. 또 나무가 마를까 걱정을 한다지만, 사실은 그것이 도리어 나무를 죽이는 것이지요.'"

나무를 심어보지 않은 이들도 있겠지만, 별다른 말이 따로 필요 없다고 본다.

아이를 건강하게 키우는 일도 이와 별로 다르지 않을 것이다. 아이를 평소 어떻게 대하고 있는지 수시로 돌아볼 일이다.

(2010. 5. 6)

건망증과 인생

최근 흑인 부부가 백인 딸을 낳은 소식을 전한 외신보도를 보았다. 영국의 나이지리아계 흑인 부부가 금발에 푸른 눈의 백인 여아를 출산, 주변을 놀라게 한 것이다.

옥스퍼드대 브라이언 사익스 교수(인간유전학)는 이와 관련, 부모 모두 백인 조상을 갖고 있을 것이라고 추정했다. 그는 그렇다고 해도 극히 특이한 사례라고 밝혔다.

우리의 지식이나 상식이라는 것이 반드시 옳거나 절대적이 아니라는 사실을 새삼 깨닫게 하는 일이다. 세상은 넓고, 사실은 알 수 없는 일들로 넘쳐난다. 우리는 살아가면서 때때로 새로운 경험을 하고 깨달으면서, 기존의 지식과 고정관념을 깨뜨리게 된다. 그러면서 겸손을 배우고 사고의 지평을 넓혀가는 것이다.

방향이 약간 다른 사례일 수 있지만, 얼마 전에 겪은 건망증 이야기다. 한 지인이 차 한 잔하자는 전화를 해와 10분 후에 신문사 1층 커피숍에서 만나기로 했다. 일하는 중이기는 했지만, 10분이 지나기 전에 약속을 잊어버렸다. 그는 기다리다 다시 전화를 했고, 정신이 번쩍 든 나는 미안해하며 바로 내려 가겠다고 했다. 그러나 전화를 끊자마자 다른 전화가 와서 통화를 하는 사이에 다시 약속을 잊어버렸다. 한 참 지난 후 약속이 떠올라 부리나케 커피숍으로 갔다. 그렇게 된 이유를 이야기했지만, 상대가 나의 사정을 얼마나 이해할 지는 모를 일이었다.

며칠 후 비슷한 일이 또 있었다. 약간은 충격적으로 다가왔다. 생각도 못했던 경험이었다. 예전에는 건망증 이야기를 들으면 이해하기 어려워, 거짓말이 아닐까 생각하기도 했다. 직접 겪고 나서야 건망증 있는 사람의 사정을 이해할 수 있게 된 것이다.

사람이 이렇다. 경험하지 않으면 제대로 알 수 없는 일이 너무나 많은데도, 자신의 인식체계를 기준으로 모든 것을 재단하기 십상인 것이 보통이다.

어느 종손으로부터 자신의 문중 노인 어른들과 이야기할 때, 했던 말을 계속 반복하는데 그것을 들어줘야 하는 것이 고역이라는 이야기도 들은 적이 있다. 마찬가지 사례다. 자신과는 너무나 다르니까 그럴 수밖에 없을 것이다.

며칠 전에는 친척들이 모인 자리에서 여든이 넘은 분이 한 이야기다. 예전에 노인들이 "밥 먹는 기 와 이리 디노"라고 하는 말을 납득하지 못했는데, 본인이 요즘 그걸 경험하고서야 실제 그렇게 된다는 사실을 알았다는 것이다.

착각하고 오해하며 사는 것이 인생이겠지만, 그래도 서로의 사정을 보다 충분히 이해하기 위해 노력할 일이다. 우리가 태어나서 자라고 늙어가는 삶의 과정만 해도 이런데, 하물며 넓은 세상에 일어나는 수많은 세상사를 좁은 식견으로 어찌 함부로 재단하겠는가.

건망증이 또 깨닫게 한다. 사람이 이렇게 끝없이 배우고 깨달으며, 건망증과 더불어 점점 무심한 자연과 가까워지는 삶을 살다가 결국 자연으로 돌아가는 것이 자연스러운 인생이 아닐까.

(2010. 8. 26)

브라보 '바라지'

한 친구가 있다. 이 친구는 자신을 내세우는 법이 없다. 남보다 앞서려 하거나 잘 난 척은 물론 할 줄 모른다. 같이 어디를 가거나 무슨 일을 할 때 보면, 언제나 다른 사람이 귀찮아할 일은 자신이 먼저 한다. 남을 먼저 배려하고 남이 돋보이게 한다. 가족간의 일에서도 마찬가지다. 이처럼 남을 먼저 배려하고 뒷바라지하며 누구 못지않게 잘 살고 있는 그를 모두가 좋아한다.

몇 년 전 영국 맨체스터 유나이티드 선수들에게 함께 뛰고 싶은 동료 선수를 써내도록 했는데, 박지성 선수가 뽑힌 적이 있었다. 쟁쟁한 스타 선수들이 즐비한 데, 그가 어떻게 가장 함께 뛰고 싶은 동료로 꼽혔을까. 바로 박지성이 어시스트를 잘하는 선수였기 때문이었다. 프로축구에서 공격수라면 누구든지 직접 슛을 해 득점하려고 욕심을 내기 십상이지만, 그는 자신보다 유리한 위치에 동료가 있으면 기꺼이 어시스트를 했다. 팀 공헌도가 높은 것은 당연하고, 동료와 감독의 사랑을 받을 수밖에 없을 것이다.

스포츠경기가 아닌 인간 사회에는 특히 이런 어시스트형 인물이 많아야 살만한 사회가 된다. 불행히도 현실은 그렇지 않다. 우리 사회에는 어떻게 해서든 골만 넣고 보려는 인물로 넘친다. 세상을 각박하게 만드는 주범들이다. 남을 이겨야 하고 남보다 앞서야 한다는 중병에 걸린 사람들이라 할 수 있다.

'바라지' 라는 말이 있다. 옆에서 돕는다는 의미의 순우리말로 옥바라지, 뒷바라지 등으로 널리 쓰이고 있다. 불교에서는 재(齋)를 올릴 때 법주(法主)스님을 도와 의식을 진행하는 스님을 바라지라

부른다. 법주와 바라지는 바늘과 실처럼 어울리며, 바라지 도움이 없으면 의식을 치를 수도 없는 것이다.

세상에 독불장군이란 없다. 독불장군이 있다고 생각한다면 착각일 뿐이다. 세상사는 인인성사(因人成事)라 했다. 남의 힘으로 일을 이루게 된다는 뜻이다. 혼자 힘으로 무엇을 이뤘다고 생각한다면 어리석다. '중이 제 머리 못 깎는다'는 말도 그런 의미에서 회자된다. 서로의 머리를 깎아주는 사회가 좋은 사회다.

내가 행복하려면 주위의 모두가 잘 돼야 한다. 내 행복을 위해 남을 밟아야 하고 누구의 행복을 희생시켜야 한다는 인식은 너무나 짧은 생각이다. 그러면 결국 모두가 불행해지게 된다. 서로 필요한 부분을 바라지하고 어시스트하며 산다면 모두가 보다 복된 삶을 누릴 수 있을 것이다.

사람은 누구나 다른 사람의 바라지가 필요하다. 바라지를 마다않고 어시스트를 잘 하는 사람이 세상을 살맛나게 한다. 우리는 무엇보다 그런 사람이 많아지도록 애써야 한다. 되바라진 사람은 자신과 남을 불행하게 한다.

누구든지 '루저'만 양산하는 무한경쟁 사회를 원하지는 않을 것이다. 서로 바라지하고 어시스트해 모두가 '위너'가 되는 사회가 좋지 않겠는가.

(2010. 1. 7)

빗속 작은 음악회

연암 박지원이 어느 여름날 밤, 친구인 담헌 홍대용의 집 정원에서 지인들과 함께 가진 음악회에 대해 적은 글의 일부다.

"국옹(麴翁)과 함께 걸어서 담헌(湛軒)의 집에 갔는데, 풍무(風舞)도 밤에 왔다. 담헌이 비파를 타니 풍무는 거문고로 곡조를 맞추고, 국옹은 갓을 벗어 던지고 노래를 불렀다. 밤이 깊어지자 구름이 흩어져 더위가 물러나니 악기 소리가 더욱 맑았다. 좌우에 앉은 사람들이 고요하니 말이 없는 게 마치 도가(道家)의 단(丹)을 닦는 이가 장신(藏神)을 내관(內觀)하고, 참선 중인 승려가 전생을 문득 깨치는 것 같았다."

국옹은 누구의 호인지 미상이고, 풍무는 당대의 대표적 거문고 연주자인 김억의 호다. 세 사람이 흥에 취해 악기를 연주하고 노래를 부르는 광경이 눈앞에 펼쳐지는 듯하다. 요즘의 재즈 음악회처럼 즉흥적이고 자유로운 분위기를 느끼게 한다. 연주와 노래를 듣고 있는 이들도 음악에 몰입, 깊은 경지에 든 참선 승려나 내단(內丹) 수련자처럼 망아(忘我)의 상태에 빠져들었던 모양이다.

요즘 사람들의 음악 풍류는 어떤 모습일까. 지난 토요일 밤, 작은 음악회를 즐길 기회가 있었다. 대구 대명동 한 병원(KMG내과)의 안뜰에서 열린 '재즈파티'이다. 단층 사각 건물의 한가운데 공간인 공연장소는 태산목을 배경으로 하늘이 훤히 보이는 80㎡ 정도의 정원이다. 갑자기 내린 소나기 때문에 천막을 설치하는 등 공연장 준비를 새로 하느라 예정보다 한 시간 늦은 밤 8시에 시작됐다.

40여 명의 관객이 내리는 비를 바라보며 음식과 캔 맥주를 즐기는 가운데 공연이 시작됐다. 러시아에서 박사과정까지 마친 대구의 피아니스트 정지원과 4인조 밴드가 출연, 재즈와 러시안 팝, 발레 음악 등을 노래하고 연주했다. 흥겹고 감미로운 곡들이 한 시간 정도 이어졌다.

담헌집 음악회 관객 같은 망아의 분위기 정도는 아니었으나, 오붓하고 자유로운 여름밤 빗속 음악회의 각별한 정취를 한껏 즐길 수 있었다. 주부, 의사, 교수, 예술가 등 다양한 사람들이 1만원의 '후원금'을 내고 풍류를 만끽했다. 해인사의 두 스님도 찾아왔다. 공연자도 이날 공연이 가장 추억에 남을 것 같다고 했다. 공연 뒤에는 출연자와 관객이 함께 술잔과 정담을 나누는 시간도 이어졌다.

이 병원은 2004년 개원 이후 꾸준히 음악회를 열어오고 있다. 20회가 넘는 공식 · 비공식 음악회를 열었고, 미술작품전도 8회 열었다. 쉬운 일이 아니다. 예술가의 창작활동과 애호가의 예술 향수(享受) 가교 역할을 하며 지역예술을 살찌우는 좋은 사례라 하겠다. 이런데 돈을 쓰는 사람이 많으면 예술가의 창작활동은 더욱 빛을 발하고 사람들의 삶은 훨씬 더 윤택해질 것이다.

지지호지낙지(知之好之樂之)라 했다. 좋아하는 것을 즐기는 일, 그것도 더불어 즐기는 일이 최고 아니겠는가. (2009. 7. 9)

호(號) 이야기

오래 전부터 호(號)에 대해 호감을 가졌다. 서화나 책을 통해 다양한 호의 세계와 그런 멋스러운 호를 사용하던 생활을 접하며, 언젠가 나도 호를 가져보고 싶다는 생각을 했었다.

그러다 10여 년 전 한 선배가 호를 하나 지어주었다. 이름에 '봉황새 鳳' 자가 들어있으니, 오동나무에만 앉는 봉황을 위해 '오동나무 동(桐)' 자를 넣어 '동추(桐秋)' 로 하라고 했다. 부르기도 쉬워서 주위에서 자주 불러주었다. 그러다 몇몇 사람이 '가을 추(秋)' 자는 좋지 않으니 바꾸라는 지적을 했고, 한학자인 지인의 권유로 '가래나무 추(楸)' 자로 바꿨다.

그래서 지금은 '동추(桐楸)' 로 쓰고 있다. 이 칼럼 '동추 사랑방' 을 시작한 후 독자들로부터 동추가 무엇인지, 한자로는 어떻게 되는 것인지 등의 질문을 종종 받기도 했다. 어떻든 친구들과 여러 지인들이 이 호를 자주 불러주면서 갈수록 '동추' 라는 호로 불리는 것이 자연스러워졌다.

호는 한국이나 중국에서 본 이름이나 자(字, 옛날에 성인이 되어 관례를 치르면 부모나 집안 어른이 지어주는 이름으로, 동료간이나 아랫사람에게만 사용했다) 외에 허물없이 부를 수 있도록 지은 이름이다. 호는 2종 이상의 이름을 갖는 풍속이나 본 이름을 부르는 것을 피하는 풍속에 따른 것으로, 우리나라는 삼국시대부터 생겨나기 시작했다. 예를 들면 원효의 호는 소성거사(小性居士)였다.

호는 자신이 짓기도 하고, 남이 지어주기도 했다. 이는 오늘날에도 마찬가지다. 호는 시 · 문 · 서 · 화의 작가들이 사용하는 우아한 호라는 의미의 아호(雅號)와 집의 호를 뜻하는 당호(堂號)로 나누기도 하지만, 당호는 그 집의 주인을 일컫게도 되면서 아호로 쓰이기도 한다.

호를 짓는 기준에 대해 조선시대의 이규보는 그의 '백운거사어록' 에서 "거처하는 바에 따라 호로 한 사람도 있고, 그가 간직한 것을 근거로 하거나, 혹은 얻은 바의 실상을 호로 한 사람들도 있다"고 얘기했다. 어떤 이는 여기에다 "자신이 목표로 삼아 도달한 경지나 지향하고자 하는 바에 따라 호를 짓기도 한다"는 한 가지를 더해 네 가지 기준을 들기도 했다.

한 사람이 여러 개의 호를 사용하기도 하는데, 우리나라에서 가장 많고 다양한 호를 사용한 사람은 추사 김정희다. 오제봉이 조사 · 수집한 '추사선생아호집' 에 의하면 무려 503개나 된다. 추사는 그때그때 처한 상황이나 정서 · 취향 따위를 은연중에 드러내며 생각나는 대로 호를 구사한 듯하다. '무용도인(無用道人)' '백반거사(白飯居士)' 같은 호도 사용했다. 10자나 되는 긴 호를 쓰기도 했던 현대시조시인 김상옥은 20여 개의 호를 사용했고, 가람 이병기나 외솔 최현배 등 한글 호를 짓는 이도 생겨났다.

문화의 시대 · 개성의 시대다. 옛사람들의 '호 문화' 를 다시 적극

활성화하는 것도 의미 있는 일이 아닐까. 멋있고 의미 있는 호를 많이 사용하다보면, 일상생활의 품격도 높아지지 않겠는가.

(2010. 7. 15)

아프고 나서

땀 흘린 뒤 온 몸으로 맞는 시원한 바람은 꿀맛처럼 달콤하다. 아름다운 것을 볼 수 있고, 또 냄새를 맡을 수 있는 코가 있다는 것은 얼마나 고마운 일인가. 이렇게 오감을 느끼는 감각기관이 제대로 작동하는 것은 우리를 살맛 나게 하는 가장 중요한 바탕일 것이다.

하지만 이런 기관을 포함한 우리 몸 속의 장기 등은 건강할 때는 그 존재를 느끼지 못한다. 평소에는 코와 입이 있는 줄을 모르고, 귀와 눈이 있는지를 잘 의식하지 않는다. 소장이나 대장, 간 등이 있는지 없는지 못 느낀다.

이렇게 못 느끼는 건강함, 그것이 복된 삶의 원천이다. 몸의 건강함이 얼마나 큰 복인지 말하려는 것이다.

최근 갑작스레 장염에 걸려 보름 이상 심한 고생을 했다. 속이 살살 아프기도 하고 수시로 세게 아프기도 했다. 배의 어느 부위를 칼로 찌르고 싶을 정도로 심하게 아프기도 했다. 잠도 잘 이룰 수가 없었고 음식도 제대로 못 먹었다. 그러는 동안 1주일 만에 몸무게가 4kg정도 줄어들었다.

창자가 있는 줄 못 느끼던 지난날에 대한 감사의 마음이 절로 생겨났다. 그동안 '주인'이 몰라줘도 묵묵히 제 할 일을 해온 신체 장기나 기관에게 고마울 따름이다.

사람이 큰 병을 앓으며 고통을 겪고 나면 딴 사람이 되기도 한다는 이야기를 듣곤 했다. 10년 면벽수행해도 못 이룰 대오각성을 하는 이도 있다고 한다. 어느 정도 실감할 수 있었다.

살아 숨 쉬고 대지의 기운을 느낄 수 있다는 사실만으로도 얼마나 감사한지 절감한다. 고통 없이 산다는 것이 얼마나 복된 일인지를 실감하며, 항상 겸손하고 감사하는 마음으로 살아야 하겠다는 생각이 절로 든다.

코가 막혀 고통을 당해봐야 평소 코로 숨 쉬는 것이 얼마나 감사한 일인지 알게 된다. 바닷물을 다 마셔 보아야 짠 줄을 아는 것은 아니다. 한 번 신체의 어느 부분에 고장이 나 심하게 아프면서 성한 몸이 얼마나 고맙고 감사할 일인지 절감하게 된다면, 아파서 잃는 것보다 얻는 것이 훨씬 클 것이다.

아프지 않고도 그 고마움을 알고, 항상 감사하며 조심한다면 더 할 나위 없이 좋은 일이다.

(2008. 7. 17)

가장 중요한 일

살맛 나는 인간사회를 만들어가는 데는 거창하거나 기적 같은 일이 있어야 되는 것은 아니다. 개개인이 평소 주변의 사람들에게 잘하는 것이 중요하다. 필요한 손길을 자주 내밀고, 좋은 에너지를 불어넣어주는 언행을 많이 하면 우리 삶은 윤택하게 되는 것이다.

얼마 전 일이다. 동대구역 앞 횡단보도 근처에서 한 할머니가 폐지를 가득 실은 리어카를 끌며 횡단보도를 지나고 있는 모습이 눈에 들어왔다. 매우 힘이 들어보였다. 다가가 밀어드릴까 하는데 한 남자가 더 빨리 다가가 리어카를 아주 조심스럽게 밀어올려주고는 보도를 걸어갔다. 할머니는 뒤도 돌아보지는 않았지만, 당연히 고마운 마음이 그지없었을 것이다. 사소한 것 같지만 이런 일이 인간사회의 최고 윤활유다.

얼마 전 음악을 하는 친구들과 계명아트센터에서 열리는 모스크바필 연주회를 보러갔다. 한 친구와 함께 먼저 도착해 일행을 기다리고 있는데, 지인이 다가와 혼자 왔기 때문에 두 장의 초대권 중 한 장이 필요없게 됐다고 이야기했다. 그러자 친구가 자기에게 달라고 한 뒤 티켓 현장판매대 앞에 가서 표가 필요한 사람을 찾았다. 마침 세 사람 중 두 사람은 표를 예매했고, 한 사람은 현장에서 구입하려는데 매진이라 표를 구할 수 없어 애태우고 있는 가족 일행을 만나게 됐다. 그들에게 표를 건네자 모두 너무 고마워하며 눈물을 글썽거릴 정도였다.

공연장 안에 들어가니 곳곳에 빈 좌석이 있었다. 대부분 초대권 좌석인 듯했다. 그 친구는 비워두게 될 좌석 티켓을 꼭 필요한 이에게 주려고 마음을 낸 것이다. 그들은 두고두고 고마워할 것이고, 자신들이 남을 위하는 마음을 내는 계기도 되었을 것이다. 연주회는 너무나 좋았다. 세 곡의 앙코르곡을 청해 들은, 대구에서는 경험하기 힘든 멋진 공연이었던 만큼 그 고마움이 더했을 것이다.

며칠 전 회사 당직날 저녁에는 신문사 편집국의 한 동료가 식물 영양제를 수십 개 사 와서 편집국 사무실의 50여 개나 되는 난초 화분에 꽂아주는 것을 보았다. 덕분에 시들하던 난초들은 더욱 생기를 찾았고, 관심 있는 동료들은 그의 좋은 기운이 함께 실린 난향기를 맡으며 즐거워할 것이다.

톨스토이는 '세 가지 질문'이라는 글에서 이렇게 묻는다. "이 세상에 가장 중요한 때는 언제인가, 가장 필요한 사람은 누구인가, 그리고 가장 중요한 일은 무엇인가?"

이 질문에 대해 이렇게 답하고 있다. "이 세상에서 가장 중요한 때는 바로 지금이고, 가장 필요한 사람은 지금 내가 만나는 사람이고, 가장 중요한 일은 바로 내 옆에 있는 사람에게 선을 행하는 일이다."

지금 자신의 주변 사람들에게 선을 행하는 것이야말로 자신과 주변 사람의 삶을 행복하고 윤택하게 하는 일이고, 지상천국을 만드는 일이다. 지치고 짜증나기 쉬운 여름철이다. 서로에게 청량제가 되면 좋겠다.

최소한 남의 기분을 망치는 존재는 되지 않도록 할 일이다.

(2010. 6. 17)

하몽(夏夢)

여름휴가 때는 이런저런 이유로 최근 쇠잔해진 기운을 회복하고 싶었다. 그래서 깊은 산 속을 찾아 숲길을 걷거나 등산을 하고 쉬는 것을 반복하며 기운을 돋우려는 생각을 했다.

적당한 곳을 물색하다가 지리산 계곡을 가게 됐다. 경남 산청쪽 지리산 계곡 옆에 있는 한 암자에 머물며, 등산을 하고 계곡물에 더위를 식히며 보냈다.

지리산에 도착하던 날 오후에 있었던 일이다. 한여름 더위는 지리산 계곡이라도 비켜가지 않았다. 물 속이나 그늘이 아니면 견디기 힘든 날씨였다. 짐을 풀고 작은 폭포와 소(沼)가 있는 암자 앞 계곡으로 내려가니 많은 피서객이 물에 발을 담그거나 물놀이를 하고 있었다. 암자 앞까지의 계곡은 피서객이 물놀이를 할 수 있는 구역이고, 그 위로는 출입금지 구역이었다.

사람이 많아 사람이 없을 폭포 위쪽의 출입금지 구역 계곡으로 올라가보고 싶었다.

아무 생각 없이 큰 바위를 타고 폭포 위로 올라갔다. 바위에 올라 눈을 들어 계곡 위쪽을 바라보는 순간, 바위 뒤로 황급히 몸을 숨기는 '선녀'의 알몸 엉덩이 부분이 눈에 들어왔다.

얼마나 급했던지 벗어둔 옷가지는 챙기지도 못한 채였다. 작은 소에서 홀로 피서 목욕을 하는 즐거움을 방해했던 것이다.

선녀 못지않게 나도 당황하고 민망해서 자신도 모르게 바로 돌아 내려왔다. 나무꾼처럼 옷가지를 감추거나 짓궂게 그녀가 다시 나올 때까지 기다리는 객기(客氣)를 부려보지도 못하고.

많은 사람들이 바로 아래에서 물놀이를 하고 있어 누군가 올라올 수 있을 것인데도 홀로 옷을 벗어던지고 목욕을 한 것을 보면, 대단히 용기가 있는 '선녀'였던 것 같다. 용기도 용기지만, 계곡이 그녀를 유혹하기에 충분할 정도로 좋았기 때문이기도 할 것이다. 옥빛의 맑은 물, 햇빛에 빛나는 활엽수 녹음, 멋진 바위 등.

잠시 백일몽(白日夢)을 꾼 듯도 하다. '선녀'가 얼마나 오랫동안 바위 뒤에 있었을까 생각하니, 재미있기도 하고 미안하기도 하다.

아직도 부끄러워 바위 뒤에서 못 나오고 있지는 않을까, 헛 것을 본 것은 아닐까 하는 생각도 해본다. 오래 추억될 '하몽(夏夢)'인 것 같다.

(2008. 8. 21)

윤정희의 실망

100여 년 전 경남도 관찰사가 당대 최고의 서예가를 진주로 초청했다. 풍류와 예술을 아는 관찰사는 그가 좋아하는 좋은 술과 안주, 기생은 물론이고 최고급 먹물과 붓 · 화선지를 준비했다. 흡족한 환경에 홍취가 잔뜩 일어난 서예가는 붓을 휘둘러 득의작(得意作)을 여러 점 완성했고, 관찰사를 비롯한 참석자들 모두 대만족했음을 물론이다. 충분한 준비 덕분이었다.

대구문화예술회관에서 열린 백건우 피아노 독주회를 보았다. 그의 연주회를 직접 접한 것은 처음이었다. 거장답게 멋진 연주를 선사했다. 음악에 별로 식견이 없지만, 피아노 소리와 연주 모습 모두에서 물 흐르는 듯한 자연스러움을 느낄 수 있었다. 연주에 감동해 눈물까지 흘리는 이들도 한둘이 아니었다. 그렇게 좋은 연주였다. 어느 분야든 고수의 경지에 오르면 누구에게나 감동을 줄 수 있음을 확인했다.

하지만 크게 아쉬운 점이 있었다. 거장을 초청해 놓고 제대로 기량을 펼칠 만한 환경을 못 갖춘 탓에 관객들이 더 나은 연주를 누릴 수 없었던 것이다.

우연히 알게 된 일이다. 전반부 연주가 끝난 뒤 휴식시간에 귀빈실에서 문예회관장 등과 차를 마시고 있을 때다. 백건우씨의 부인 윤정희씨가 들어와 관장을 부르더니, 피아노를 조율하려고 조율사를 찾았는데 돌아가버렸다며 정말 황당하고 실망스럽다는 표정을 지었다. 그리고 국내외 유명 공연장 모두가 그렇듯이 연주회가 끝날 때까지 조율사가 대기하는 것이 기본인 만큼 다음부터는 실수가 없도록 해야 할 것이라고 지적했다.

제3자인데도 부끄러운 마음이 들었다. 거장을 초청해보지 않으면 겪기 어려운 소중한 경험이라는 생각과 함께, 대구공연장 여건이 '우물 안 개구리' 수준임을 알게 됐다.

그런데 더 실망스러운 점은 관계자들의 반응이었다. 윤씨가 자리를 뜬 뒤 그 자리에 있던 문예회관 담당 공무원과 대구의 다른 문화회관 관장은 대구의 경우 조율사는 항상 돌아가버린다면서 별 일 아니라는 듯한 반응이었다.

유명 피아니스트, 특히 백건우씨의 경우 그 파워가 대단해 한 곡을 연주한 뒤에는 바로 조율을 해야 할 정도이며, 연주 도중 피아노줄이 끊어지는 경우도 있다 한다. 당연히 조율사가 끝까지 대기해야 하는 것이다.

공연이 끝난 후 관객들은 그렇게 박수를 쳤는데도 앙코르곡을 한 곡만 들려줬다며 아쉬워했다. 그런데 중간에 위와 같은 사정을 알게 된 나로서는 그가 피아노 상태가 안 좋아 더 이상 앙코르곡을 연주하는 것을 허락하지 않았을 지도 모른다는 생각이 들었다.

몰라서 처음 범한 실수였다면, 이번 일은 아주 소중한 경험이 돼야 할 것이다. 처음이 아닌데도 실수를 반복한 상황이라면 정말 심각한 고질(痼疾)이다. 이처럼 각 분야의 고수를 데려올 자격이 없는 상태가 계속된다면, '공연문화중심도시 대구' 는 요원할 뿐이다. '윤정희의 실망' 이 다시는 없도록 해야 할 것이다. (2010. 5. 27)

멀리서 보는 눈을…

무더운 여름날, 도심이나 야외에서 배롱나무꽃을 보게 되면 잠시나마 더위를 잊는다. '무거운' 녹음 천지 속에서 만나는, 선명한 색깔의 배롱나무 꽃무리는 참으로 반가운 존재다. 여름 내내 붉은색, 자주색, 흰색 등의 아름다운 꽃무리를 선사하는 배롱나무를 요즘 많이 볼 수 있어 다행이다.

9월로 접어든 지금도 여전히 예쁜 꽃을 선사하고 있는 배롱나무가 고맙다. 이 배롱나무꽃도 가까이서 보면 별 볼품이 없다. 초라하고 지저분해보이기도 한다. 멀리서 봐야 더 아름답다. 멀리서 볼 때 아름다운 것은 이 꽃만이 아니다. 우리가 사는 마을이나 도시도 그렇다. 가까이서 보면 온갖 쓰레기와 오염물질이 넘쳐나고, 탐욕과 다툼 · 시기를 일삼는 인간들의 냄새도 진동한다.

이런 지구촌도 비행기를 타고 높은 하늘에서 보면 마냥 아름다워 보인다. 우주선을 타고 더 멀리서 보면 더욱 아름답다. 우주인마다 지구의 모습이 너무나 아름다워 '블루마블'이라고 하지 않던가.

이런 생각을 해본다. 우리가 주변의 사람들이나 인간사회도 멀리서 보는 눈으로 볼 수 있으면, 모든 게 아름답게 보이지 않을까. 멀리서 꽃을 보는 일처럼 쉬운 일은 결코 아니겠지만.

널리 알려진 황희 정승의 일화다. 하루는 어린 종 둘이 다투다가 일을 마치고 돌아오던 황희와 마주쳤다. 그 중 하나가 상대방이 잘못해서 싸움이 벌어졌다고 일렀다. 어린 종에게 자초지종을 다 들은 황희는 "그래, 네 말이 옳구나"하고 다독거려 주었다. 그러자 다른 종은 주인이 상대의 편을 드는 줄 알고 자신의 변명을 늘어놓았다. 그 말을 다 듣고 나서 "네 말도 맞구나"하면서 둘을 타일러 보냈다. 이때 방 안에서 지켜보던 그의 부인이 "아니, 대감은 둘 다 옳다 하시니 어찌 그러십니까? 옳고 그름을 밝혀 주셔야 되지 않습니까?"하고 타박했다. 이에 황희는 "맞소. 부인 말씀도 참으로 맞소"하고 대답했고, 부인은 어이가 없어 웃고 말았다고 한다.

비슷한 일화가 이것뿐이 아니다. 이 이야기에 대해 다양한 해석이 가능하겠지만, 황희는 시비선악의 분별심을 누구보다 멀리 벗어난 인물임을 말해주는 일화라고 본다. 우리도 황희처럼 못되란 법은 없을 것이다.

멀리서 바라보는 눈을 갖도록 애써보자. 그러다 보면 모든 사람이, 모든 일들이 멀리서 보는 배롱나무꽃처럼 아름답게 보일 때가 오지 않겠는가. (2010. 9. 2)

부자되는 법

누구나 부자가 되고 싶어 한다. 부자가 돼야 행복한 삶을 살 수 있다고 생각한다. 그렇다면 물질적인 부를 얼마나 갖춰야, 돈이 얼마나 많아야 하는가. 많을수록 좋다고 할 것인가. 대부분 그럴 것이다. 그렇다면 부자란 상대적인 개념이고, 결국 절대적 부자란 없는 것이 아닐까. 100원 가진 이는 1천원 가진 사람이 부자로 보일 것이지만, 1천원 가진 이는 1만원 가진 이와 비교하며 부자가 아니라고 여길 것이다.

얼마 전 중국의 한 여성이 자신보다 부유한 모습으로 사는 대학 동창을 부러워하며, 단란하게 살던 남편에게 이혼을 요구했다는 외신을 보았다. 대학 동창회에 갔다 온 팡촨은 대학시절 여러 면에서 자신보다 못하다고 여겼던 동창들이 루이뷔통 핸드백을 들고 벤츠를 몰고 다니는 것을 본 뒤, 자신의 신세가 서러워 이혼을 요구했다는 것이다.

공무원인 팡촨은 보험회사 직원인 남편 자오펑과 5년 전 결혼해 금실좋게 살아왔다. 생각도 못했던 아내의 이혼 요구에 남편이 아파트단지 내 주민위원회를 찾아가 도움을 청해 그 이유를 알게 된 것. 팡촨은 사정을 이야기하며 "아직 젊은 나이니까 이혼한 뒤 돈 많은 남자를 찾겠다"고 속내를 털어놓았다 한다.

이 사례도 보여주듯이 사람들은 보통 만족할 줄 모르고 자신보다 나은 사람과 비교하며 불만을 갖게 된다. 비교대상을 높여 잡으면 언제나 불만이 가득하게 된다. 아파트를 지니고 부부가 같이 벌며 누구 못지않게 행복하게 살 수 있는 환경이건만, 불만이 찾아오면서 그 행복을 걷어 차버린 꼴이다.

그녀가 벤츠와 루이뷔통 핸드백을 가지면 만족할까. 얼마나 더 가져야 그 욕심을 잠재울 수 있을까.

아무리 돈이 많아도 스스로 족함을 모르고 욕심을 없애지 못하면 행복한 부자가 될 수 없다. 욕심을 그치지 못하는 이는 늘 굶주림을 못 면하는 귀신이라는 아귀와 같다고 보면 될 것이다. 몸은 태산만 하고 목구멍은 바늘구멍만한 아귀이니, 항상 극심한 배고픔과 갈증의 고통을 당할 수밖에 없다. 배를 채울 방법이 없는 것이다.

부자가 되기를 원하는 것은 행복한 삶, 만족스러운 삶을 살기 위한 것이다. 그렇다면 행복한 부자가 되는 길이 무엇인가는 답이 절로 나온다. 만족할 줄 알면 된다. 그래서 노자는 '만족을 아는 자가 부자(知足者富)'라 했다. '마음이 부자'라는 말도 마찬가지다.

항상 부족하다는 불만을 가지고 그 부족을 채우려고 애쓰며 살 것인가. 미래의 행복을 위해 현재 충분히 누릴 수 있는 행복을 밀쳐두어서는 행복한 부자가 될 수 없는 악순환을 거듭할 뿐이다. 지금의 부에 만족해도 될 만하지 않은지 돌아볼 일이다.

벌이가 적은 가운데서도 돈을 모아 주위에 베풀며 사는, 마음이 부자인 시장 할머니와 수십·수백억 원을 지니고도 배를 더 불리기 위해 욕심을 부리다 사회적 비난을 사거나 감옥을 드나드는 사람 중 누가 진정한 부자이겠는가.

(2010. 1. 28)

4. 교도소에서 온 편지

교도소에서 온 편지

가을 서정

아직 한낮 햇살이 따갑지만, 가을 기운이 천지(天地)에 가득하다. 바람결의 맛이 다르고 햇살의 느낌이 어제의 것이 아니다. 여름 날씨에 지친 몸과 마음을 가볍게 해주는 청량(淸涼)한 가을 기운이 스며든다. 인간도 자연 속 한 존재이니 그 기운 앞에 어찌할 수 있겠는가.

법정 스님은 “산에 살면서 철이 바뀔 때마다 느끼는 일인데 계절의 변화는 바람결에서 시작된다. 봄 여름 가을 겨울이 그때에 맞추어 바람을 타고 오는 것 같다"고 했다. 그러면서 가을의 바람결이 내는 소리는 '서걱이는 마른 바람소리'라 했다. 온 천지에 가을 기운이 가득하지만, 자연 곁으로 가면 가을을 더 직접적이고 진하게 느낄 수 있다.

대구 금호강변에 나가봤다. 잔잔한 물결에 수풀과 산 그림자가 비친 모습이 새롭다. 문득 여름날 보던 것과 전혀 다르게 다가왔다. 그때의 물빛이 아니었다. 한가롭게 헤엄치는 오리들이 그려내는 물결무늬가 너무나 한가롭다. 백로 역시 그동안 수시로 보았던 모습 그대로인데도 다른 느낌으로 다가왔다. 강물을 바라보며 걷는 아주머니도 가을 분위기에 도취된 듯 보였다.

모두 가을 기운 덕분이다. 작은 꽃을 활짝 피운 길가의 코스모스를 보니 기분이 약간 들뜨기 시작했다. 그 기분은 가을 노래로 흘러나왔다.

코스모스 한들한들 피어있는 길
향기로운 가을길을 걸어갑니다
기다리는 마음같이 초조하여라…

내 몸이 떨어져서 어디로 가나
지나온 긴 여름이 아쉬웁지만
바람이 나를 몰고 멀리 가며는

가지에 맺은 정이 식어만 가네…

가을 기운으로 심신(心身)이 씻기면 보고 듣는 모든 것이 아름답게 다가오는 모양이다. 출근길에서 늘상 보던, 길가에서 좌판을 깔고 과일을 정리하는 아주머니의 모습이 각별히 아름답게 보인다. 여름날에 보던 느낌과 다르다.

왜 그럴까. 가을의 힘, 자연의 힘 덕분이라는 생각이다. 정성을 다하는 그 아줌마의 일하는 모습 자체도 아름답지만, 그 모습을 보는 내 마음에 여유가 생겼기 때문일 것이다. 모든 것들을 아름답게 볼 수 있는 마음상태가 되지 않으면 그 아름다움도 보지 못하는 법이다.

이런 가을 기운인 만큼, 모두가 만끽할 일이다. 사람의 마음을 맑고 차분하게 하는 가을 기운에 흠뻑 빠져, 여름날 동안 지배했던 무겁고 끈적한 기운을 씻어버리자. 그래서 세상이 아름답게 보이고 주변의 모든 이들이 정겹고 사랑스러워 보이도록 하는 힘으로 충전할 일이다. 가을 기운을 만끽하는 데는 돈이나 시간이 많이 드는 것도 아니다. 그냥 잠시 마음을 비우면 된다.

고마운 가을을 맞으며 언젠가 모두 우려하는 지구 온난화로 이 땅의 사계절 순리가 깨어지지 않을까, 그래서 이 좋은 가을 기운을 제대로 못 누리게 되지 않을까 하는 생각이 들기도 한다. 좋은 순간이면 간혹 쓸데 없는 기우를 하게 되는가 싶다. (2009. 9. 17)

교도소에서 온 편지

계절의 변화는 어김이 없음을 새삼 느낀다. 이제 아침과 저녁에는 선선한 기운이 살맛 나게 한다. 한낮의 햇살은 아직도 따갑지만, 그 촉감은 한여름 더위 때와는 다르게 와 닿는다. 다양한 가을의 전령들이 앞을 다투며 가을 분위기를 전해주고 있다.

사람의 마음도 달라진다. 청명한 날씨 속에 어디선가 불어오는 상쾌한 바람을 한 아름씩 편지 봉투에 담아 모두에게 보내고 싶은 나날이다.

얼마 전에 편지가 왔다. 연하장 말고는 육필(肉筆)로 쓴 편지를 받을 일이 없는 요즘이다. 생면부지의 사람에게서 온 편지였지만, 뜻밖의 편지를 받아보니 그 감회가 각별했다.

편지를 열어보니 예쁜 노란 꽃잎이 먼저 눈에 들어왔다. 눌러서 말린 꽃잎을 편지지에 붙여놓은 것이었다. 보낸 이는 청송교도소 재소자였다.

최근 필자가 펴낸 책 '길따라 숲찾아' 를 보내주기를 바라는 내용이었다. 영남일보에 연재될 때 기사를 애독했는데, 책으로 펴냈다는 소식을 접하고는 너무 읽고 싶다고 했다.

수십 번 망설이다 용기를 내어 편지를 썼으며, 책을 보내주면 한 줄씩 아껴가며 마지막까지 서캐 훑듯 읽겠다는 것이었다. 교도소에 있는 책은 무협지나 만화책이 고작이고, 가끔 부자되는 얘기를 다

룬 책도 있지만 얻을 게 없다고 덧붙였다. 그리고 꽃잎은 하루에 30분 주어지는 운동시간에 담장 밑에 떨어진 것을 주웠다고 했다.

또 경북 상주의 한 종택(宗宅)의 어른께서도 같은 책을 보내주면 좋겠다는 편지를 보내왔다. 그 종택이 문화재로 지정되어 있고 종택을 찾는 사람이 많은데, 그들이 읽을 책으로 종택에 비치하고 싶다는 내용이었다.

졸저(拙著)를 각별히 원하니 감사할 일이다. 무엇이든 풍족하면 귀한 줄 모른다. 수많은 책들이 쏟아지지만 책은 더 안 읽고, 책을 귀하게 여기지도 않는 요즘이다. 그래도 책 한 권을 이렇게 소중하게 여기는 사람도 적지 않을 것이다.

무엇이든 소중하게 여겨야 그 가치를 제대로 향유하게 된다. 육필 편지가 주는 각별한 즐거움과 더불어 모든 것을 소중하게 생각해야겠다는 마음을 일깨우는 편지였다. (2008. 8. 28)

호리유차 천지현격

중국 수나라 때 승찬(僧璨)대사가 불교 가르침을 사언절구(四言絶句) 584자로 표현한 '신심명(信心銘)'이 있다. 불교 수행자들이 좌우명으로 삼는 이 글은 중국에 불교가 전해진 이후 나온 '최고의 문자' 로 격찬을 받고 있다. 이 신심명의 앞부분에 '호리유차 천지현격(毫釐有差 天地懸隔)' 이라는 문구가 나온다.

신심명의 첫 구절은 "지극한 도는 어렵지 않으니, 다만 가리고 선택하지만 않으면 된다(至道無難 唯嫌揀擇)"라고 갈파했다. 이어서 "미워하고 사랑하는 마음만 없으면 도는 막힘없이 명백해진다(但莫憎愛 洞然明白)"라고 했다. '호리유차 천지현격' 은 이 글귀에 이어지는 글로, "털끝만큼이라도 차이가 있으면 하늘과 땅 사이로 벌어진다"는 뜻이다.

도를 논할 때 뿐만 아니라, 세상일이나 일반적 인간 삶과 관련해서도 소중한 가르침으로 다가온다. 사람의 생각과 행동이 도리에 조금이라도 벗어나기 시작하면, 나중에는 그로 인해 엄청나게 잘못된 결과를 초래하는 경우를 많이 보기 때문이다.

처음 어긋남을 알 때 바로잡아야 한다. 그렇지 않고 작은 잘못이라고 별 일 없을 것으로 생각해 바로잡지 않으면, 어긋남은 점점 커지게 된다. 나중에는 잘못인 줄도 깨닫지 못하게 되고, 결국 큰 일을 당하게 되는 것이다.

최근 청와대가 군포 연쇄살인사건 해결을 '용산참사' 에 대한 여론을 잠재우는데 활용하려 했던 사실이 드러나면서 정치권의 쟁점이 되고 있다. 이 사건의 전개과정을 보면서도 '호리유차 천지현격' 이라는 말이 떠오른다.

사건이 불거지자 청와대는 "그런 사실 없다"고 부인했다가 "공적으로 보낸 일 없다"하더니, 결국 "개인적으로 보냈다"며 당사자를 구두 경고했다고 밝혔다.

해당 이메일을 수신한 경찰청은 "절대 그런 적 없다"고 부인했으나 하루 만에 거짓으로 들통났다. 잘못을 알고도 일단 발뺌하다가 할 수 없으면 인정하는 식이다.

이처럼 처음 잘못을 인정하지 않고, 계속 자신도 속이고 남도 속이는 행태를 보이는 것이 바로 '천지현격'으로 가는 길이다. 이런 식이면 국민들은 다른 관련 의혹에 대한 해명도 안 믿게 된다. 믿음을 잃으면 모든 것을 잃는 것이나 다름없다.

과오는 있을 수 있다. 중요한 것은 그 잘못을 알고 솔직히 인정하며 바로잡느냐 여부다. '호리유차'의 잘못을 알 때, 스스로 엄중하게 다스려 과오를 바로잡아야 하는 것이다. 그렇지 않고 괜찮겠지 하는 마음을 먹게 되면, 호미로 막을 일을 가래로도 못 막게 되는 결과를 불러오게 된다.

모두에게 해당되지만, 특히 정치 지도자들, 그리고 이런 점에 둔감하기 쉬운 조직(행정기관, 공기업 등)의 구성원들이 각별히 새겨야 할 가르침이다. 많은 이들의 행 · 불행이 그들에게 달려 있기 때문이다.

(2009. 2. 19)

겉이 검다고…

사람이나 사물의 외양과 실체가 항상 일치하는 것은 아니다. 얼굴이 예쁘다고 마음까지 꼭 아름다운 것은 아니며, 겉이 검다고 모두 속까지 검은 것도 아닌 것이다. 겉으로 드러난 명성이나 지위, 학력, 경력, 겉치레 등으로 사람의 인품이나 능력을 판단할 경우, 오류를 범하기 십상이다. 하지만 대부분 사람들은 판단의 참고 자료일 뿐인 그런 겉모습에 좌우되는 어리석음을 벗어나지 못한다.

옛날 중국 이야기다. 동복사 주지와 오랜 친구인 대장군 북원이 오랜만에 동복사를 방문했다. 동자승에게 "대장군 북원이 뵙고자 왔다고 전해다오"라고 말했다. 그렇게 전하자 주지는 "난 대장군 따윈 몰라"라고 말했다. 주지의 말을 전해들은 복원은 다시 부탁했다. "한 번 더 전해주렴. 북원이라고 말씀드려라" 주지는 그제서야 방문을 열고 맞으며 "아! 북원이로군. 어서 안으로 들어오게"라고 말했다.

자신의 참모습을 가릴 수 있는 '대장군'이라는 '간판'에 빠지지 말 것을 가르치고 있다. 스스로 처신할 때나 남을 판단할 때 이러한 '헛것'에 매몰되지 않도록 항상 조심해야 한다. 그렇지 않으면 자신의 참모습을 잃게 되고, 다른 사람이나 사물의 진실한 모습을 보지 못하게 된다.

'간판' 중에서도 학벌에 대한 우리의 '신앙'은 특별나다. 많은 사람들에게 여전히 고질병으로 남아있다. 명문대 박사학위 소지자라 해서 모두 그 분야의 실력을 제대로 갖추고 있는 것은 아니고, 대학을 안 나와도 박사학위 소지자보다 더 출중한 실력을 갖춘 이도 많은데 말이다.

최근 '진짜' 여부 논란 속에 검찰에 체포된 인터넷 논객 '미네르바'의 주인공이 전문대 출신의 30대 무직자로 밝혀진 것에 대한 세상의 반응을 보면, 우리의 의식이 참으로 경박하다는 느낌을 지울 수가 없다.

체포되기 전에는 그의 예측력에 온갖 찬사를 늘어놓더니, 전문대 출신 무직자로 드러나자 혹세무민(惑世誣民)한 범죄자로 몰아갔다. '경제 대통령'에서 '혹세무민한 가짜'로 전락했다. 그가 명문대 박사 출신의 전문직 인사였다면 반응이 어땠을까. 어떤 이는 "그랬더라도 검찰이 '전형적인 혹세무민 사건'이나 '허위사실 유포'라며 구속영장을 청구했을까"라는 물음을 던진다.

2007년 신정아 학력 위조 사건을 계기로 줄줄이 불거진 각계 유명인사들의 학력위조는 우리의 '학벌신앙'이 얼마나 만연하고 있는지 새삼 확인시켜 주었다. 실력을 펴기 위해 학력을 속여야 하고, 그 사실이 드러나면 실력의 진가(眞價)와는 관계없이 매도해버리는 사회는 결코 건강하지 않다.

'간판 맹신'에 빠져 스스로 시야를 좁히는 것은 어리석은 일이다. 미국은 '피부색 간판'을 부숴버리고 최초의 흑인대통령 시대를

연 세상이다. 겉포장에 좌우되는 '간판교 신도'는 아닌지 스스로를 돌아볼 일이다. (2009. 1. 22)

수행자와 암

"산림의 즐거움을 이야기하는 사람은 아직 산림의 진정한 맛을 체득하지 못한 때문이요, 명리(名利)의 이야기를 싫어하는 사람은 아직 명리의 정을 잊지 못한 때문이다."

자연 속에 사는 즐거움을 떠벌리는 사람은 자연 속 삶의 참맛을 제대로 모르는 경우가 대부분이고, 명예와 이욕에 관한 이야기를 싫어하는 이 역시 명리에 대한 욕망에서 벗어나지 못했기 때문에 그렇다는 말이다. 실제 그렇다. 도(道)나 깨달음에 대해서도 똑같이 이야기할 수 있을 것이다.

사람들은 보통 수행자(성직자)에 대해 어떤 고정관념을 갖고 있다. 도력이 높은 수행자는 일반인과는 다른 모습을 보여줘야 한다고 믿는 것이다. '멋진' 임종 모습도 그 중 하나다. 그런 기준으로 성직자의 수준을 평가하고, 특히 덕이 높다는 성직자가 그런 모습을 보여주지 못하면 크게 실망한다.

얼마 전 세상을 떠난 법정 스님에 대해서도 그런 생각을 하는 이들이 적지 않은 모양이다. 그렇게 무소유를 강조하며 고고하게 산 수행자가 어떻게 폐암에 걸려 고생하느냐는 것이다. 법정 스님과 각별한 관계를 나눈 이해인 수녀의 대장암 투병에 대해서도 마찬가지로 실망한다.

청정한 생활을 하며 수행을 많이 한, 대표적 성직자라 할 두 사람 모두 암에 걸려 고생하는 모습을 보며, 수행이나 신앙에 대한 믿음이 사라지면서 혼란스럽다는 반응이다.

편안한 임종 모습은 모두의 바람이고, 그래서 유명한 수행자의 마지막 모습에 대한 기대나 집착은 유별나다. 일반인뿐만 아니라 수행자도 그렇다. 불교계에서는 많은 이들이 '좌탈(坐脫)'을 이상적 입적 모델로 보고, 좌선하는 모습으로 마지막 숨을 거두는 것을 높은 수행력의 징표로 여긴다. 그래서 수행력이 높다고 알려진 승려가 입적할 때, 제자들이 무리를 해가며 그런 모습을 연출하는 경우도 있다 한다. 그 집착이 얼마나 강한지 보여주는 일이다.

인간이면 생로병사(生老病死)를 다 겪는다. 늙고 죽는 일처럼 병도 누구나 겪는 것이다. 그 종류나 강도가 각기 다를 뿐이다. 물론 열심히 수행한 성직자는 그렇지 않은 사람보다 삶을 충만하게 살며 편안한 임종을 보이는 것이 일반적일 것이다. 하지만 덕이 높은 수행자라고 해서 다 그런 모습을 보이는 것은 아니다. 예수가 임종 때 극심한 고통으로 심하게 동요하며 고뇌했다고 해서, 그렇지 않았던 다른 영적 지도자들보다 그 도력이 낮다고 하겠는가.

병은 어떤 삶을 사느냐에 따라 좌우되겠지만, 전생에 뿌린 씨앗인 유전인자에 따라 이생의 수행만으로는 해결하지 못할 부분도 있지 않겠는가. 특별한 능력이나 멋진 죽음이 반드시 높은 도력을 보여주는 증거가 아니듯, 수행자의 질병을 꼭 그 도력과 연결시킬 일은 아니라고 본다. (2010. 3. 25)

'인내' 소리 세 번에…

추석이 지난 뒤 가을이 완연해졌다. 계절의 고마움을 새삼 실감한다. 지난 여름 동안 보기 드물게 혹독한 더위에 시달려야 했기 때문에, 이번 가을 기운은 특별히 더 상쾌하게 느껴졌다. 무더워 힘든 여름날을 인내했기에 각별히 달콤하게 다가오는 가을날씨였다.

"인내는 쓰나 그 열매는 달다" 우리는 이 말을 잘 알고 있지만, 참고 견뎌내야 할 일을 당할 때 대부분 제대로 인내하지 못하고 감정을 터뜨리거나 그 일을 포기하고 만다. 인내란 이처럼 쉽게 실천할 수 있는 덕목이 아니다.

맑은 기운 덕분에 마음이 차분해지는 가을이다. 아래의 옛날 이야기를 통해 인내의 중요함을 다시 생각해보며, 가을 기운을 빌려 인내의 힘을 길러보면 어떨까 싶다.

한 사나이가 고생한 끝에 관리가 되어서 임지로 부임하러 가게 되었다. 환송연이 벌어졌던 다음날 아침에 드디어 집을 떠나는데, 많은 친구들이 와서 떠나는 길을 축복해 주었다. "부디 빛나는 공을 세우도록 비네" "고맙네" "벼슬아치란 바로 백성의 부모가 되는 거야. 칭찬을 받는 건 어렵더라도 원망만은 안 들어야 할 게 아닌가." "명심해서 뼈에 새겨 가지고 가겠네" "벼슬살이를 해 가는 데서는 무엇보다 잊지 않아야 할 것이 '인내' 두 글자일세"

마지막 악수를 나누고 떠나려 하는데, 친구가 또 등을 두드리면서 부탁을 했다. "단단히 명심하고 가는가. 벼슬살이를 해 가는 데는 무엇보다도 잊지 않아야 할 것이 '인내' 두 글자란 말일세. 내 말 알겠는가?" "알다 뿐이겠는가. 잊지 않겠네" 신임 관리는 마지막 인사말을 남기고 마침내 집 밖을 나섰다. 그런데 그 친구가 동구 밖까지 따라가면서 이 절친한 친구를 위해 또 손목을 꼭 잡으면서 부탁을 했다. "자네도 어련히 결심을 하고 가겠는가만 부디 명심하게. 벼슬살이를 하는 데는 무엇보다도 명심하고 잊어서는 안 되는 것이 '인내' 두 글자이네. 이 사람아, 내 말 잘 알겠지?"

그러자 신임 관리는 획 돌아서면서 화를 벌컥 냈다. "자네는 나를 바보 취급하는가. '인내' '인내' 하는 소리를 나한테 몇 번을 더해야 속이 시원하겠는가?" 그 소리를 들은 친구는 "후우!"하고 한숨을 내쉬며 탄식했다. "그것 보게. 자네는 내 말을 명심한다고 말은 했지만, 인내라는 게 얼마나 어려운 거라는 걸 지금 일을 보아서도 알

았겠지. 내가 '인내' 소리를 겨우 세 번밖에 안 했는데도 자네는 이렇게 인내하지 못하지 않은가!"

대검찰청 자료에 따르면 우발적 범죄, 현실불만 범죄 등 '분노 범죄'가 2006년부터 매년 20~30%씩 증가하고 있다. 그리고 이런 분노 범죄로 인한 사회적 비용이 해마다 1조원에 달하는 것으로 추정됐다.

사람이 참지 못해 잃는 것이 이것뿐이겠는가. 우리에게 절실한 것이 '인내의 힘'임을 깊이 새길 일이다. (2010. 10. 7)

가을의 힘

가을 기운은 사람을 정화시키는 힘을 지닌 것 같다. 지난 금요일 취재차 안동시 도산면 가송리 농암종택을 찾아갔다. 대구에서 목적지로 가는 길의 차창 밖으로 보이는, 누렇게 익은 벼가 만들어내는 황금빛 들판과 붉게 잘 익은 사과가 탐스러운 사과밭은 보기만 해도 마음이 풍성해졌다. 그리고 맑은 공기, 푸르고 드높은 하늘은 심신을 더 없이 상쾌하게 했다.

가송리 쏘두들마을을 지나 농암종택으로 향하는 강변길로 들어서면서 시야에 들어오는 낙동강 물빛과 주변 풍광은 너무나 맑고 고왔다. 수년 전 금강산에서 본 옥빛 물이 떠오를 정도였다. 종택에 도착, 강가의 정자에 올라 멋진 풍광을 둘러보며 상쾌한 기운을 실컷 들이켜니 심신의 밑바닥까지 맑아지는 듯했다.

토요일에는 팔공산 파계사 주변 산을 올랐다. 산 속으로 들어서자 신선한 공기가 코를 벌름거리게 했다. 달콤하게 느껴질 정도의 공기 맛이었다. 상쾌한 공기로 심신을 샤워하며 한가하게 가을 기운 속으로 빠져들어갔다. 우리나라 가을날씨가 새삼 고맙게 다가왔다.

최근 인도네시아 자카르타를 다녀왔는데, 그곳은 1년 내내 우리의 여름날씨가 계속된다고 했다. 항상 더운 기운 아니면 실내의 에어컨 냉기 속에 살아야 하는 그곳 날씨를 생각하니 더욱 그랬다.

요즘은 날씨가 정말 좋다. 특히 아침 · 저녁의 기운은 더 좋다. 아름답게 단풍이 수놓인 명산이 아니라도 좋다. 여느 동네의 골목길이나 들판길, 도심의 가로수 밑을 걸어도 기분이 절로 좋아지는 날씨다. 며칠 전 밤에는 고교 친구들과 술 한 잔을 나눈 뒤 밤 12시쯤 일부러 집에서 좀 떨어진 곳에서 택시를 내려 느티나무 가로수 아래로 걸어 귀가했다. 이처럼 일부러 거닐고 싶은 날씨가 이어지고 있다.

이렇게 맑고 밝은 가을 기운에 푹 빠져들면 마음도 가을날씨처럼 절로 청명하게 된다. 바쁘고 골치 아픈 일이 많을수록 시간을 내 가을 기운에 심신을 맡겨보자. 사실 이런 가을 기운을 만끽하며 마음을 맑게 하는 일은 무엇보다 중요하지 않을까. 심청사달(心淸事達)이라 했듯이, 모두의 마음이 맑아진다면 인간사 모든 일도 다 잘 풀릴 것이다.

해마다 이처럼 좋은 가을이 오는데도 사람들은 보통 그 기운을 제대로 누리지 못한다. 자연(인간)이 자연과 친할 줄 모르면 불행한 일이다. 크게 아프고 나서나 큰 어려움을 겪을 때 상쾌한 공기, 풀 한 포기, 풀잎에 맺힌 이슬방울 등 평범한 자연이 더 없이 아름답고 소중하게 다가옴을 깨닫곤 한다. 이를 일상에서 수시로 깨달을 수 있다면 복된 나날이 될 것이다.

"마음에 욕심이 가득 차면 차가운 못에도 물이 끓고 산림 속에서도 그 고요함을 보지 못하며, 마음이 텅 비면 무더위 속에서도 서늘함이 일고 시장판에서도 그 시끄러운 것을 모른다" 맑은 가을 기운의 힘으로 우리의 심신도 맑게 할 일이다. (2010. 10. 21)

성묘 단상

수 년 전 벌초를 하러 갔다가 산 속에 있는 산소를 찾지 못해 벌초를 못한 적이 있다. 몇 사람씩 조를 짜서 여러 곳에 흩어져 있는 산소를 찾아 벌초를 해야 했는데, 우리 조가 산소를 찾지 못했던 것이다. 다행히 지금은 조상 산소의 유골을 대부분 수습해 납골묘에 안치한 덕분에 그럴 일은 없다.

지난 추석에도 이런저런 이유로 벌초와 성묘를 못한 이들이 적지 않을 것이다. 방치되는 산소도 부지기수다. 시대가 변하고 삶의 환경이 바뀌면서 벌초와 성묘가 부담이 되고 골칫거리가 되는 경우가 늘고 있는 현실이다.

성묘 · 장묘문화는 짧은 세월 동안에 급격하게 바뀌었다. 격세지감을 갖게 하는 변화가 아닐 수 없다. 조상 산소 관리에 쏟은 옛사람들의 정성이 어땠는가를 보면 더욱 그렇다. 400여년 전에 남긴 한 종가의 '묘산수호입의(墓山守護立議, 산소를 지키고 보호하는 결의)' 내용 일부를 보자.

"산소는 부모와 조상의 유해가 묻힌 곳인데 영구히 보수하고 불폐(不廢)하게 함은 자손의 정의(情誼)로서 스스로 아니할 수 없는 일이다. 만일 훗날 자손이 이를 돌아보지 않고 이 결의에 따르지 않으면, 우리 선조 신령의 도움을 받지 못할 뿐 아니라, 국법으로도 용납하기 어려울 것이다. 일족인 자는 문중에 통지하여 죄를 묻고, 어리석고 모질어서 벌해도 고치지 않으면 글로써 조상에게 그 사유를 고하고 불효한 죄를 관치(官治)로써 다스릴 것이니, 가볍게 용서하지 말 것이다.

▲자손 중에 산소 제사(한식, 추석, 설, 단오)를 맡은 집이 유고하면 그 아우집으로 바꾸어 모실 것이며, 무고하면서 유고라고 속

이거나 혹 가난을 핑계로 제사를 궐한 자는 족중(族中)의 연명으로 집강(執綱, 향리 우두머리)에게 일러서 치죄하고, 두 차례 궐했을 때는 관에 고하여 죄를 다스릴 것이다. ▲묘지기 노비가 세월이 지나 그 식구가 늘면 산밑 근처에 나눠어 살게 할 것이며… 오직 묘지기 일에만 전념하도록 하고 이를 영영 바꾸지 말 것이다. ▲산지기에게는 다른 일은 시키지 말고 또 해롭게도 하지 말 것이다. 이를 어기는 자는 그 종에게 매를 칠 것이다. ▲일족 가운데 똑똑한 사람을 유사(有司)로 정해 산소와 재사(齋舍)를 수호하고 제사 모시는 일을 잘 하도록 단속하며 꾸려나가게 2년간 맡기고, 한식 제사 후에 모두 모여 윤번으로 하게 하되 임무를 잘 이행하지 못하는 자는 잘못이 가벼우면 그 종에게 매를 내리고, 무거우면 손도(損徒, 마을에서 쫓아냄)할 것이다."

지난 추석 때 어머니와 큰어머니가 자신들이 별세하면 화장하고, 남아있는 아버지와 큰아버지의 산소 유골도 수습해 함께 산천에 뿌릴 것을 자식들에게 주문했다. 시대변화에 부응하고 자식들의 부담도 덜어주려는 것이었다.

여기서도 제행무상(諸行無常)의 이치를 본다. 추석 성묘가 희귀한 일이 될 날이 생각보다 빨리 다가올 지도 모를 일이다.

(2010. 9. 30)

단풍을 보며

가을은 사색의 계절이라고 말한다.

“봄날의 기상(氣象)은 번화(繁華)하여 사람의 마음을 넓고 커지게 한다. 하지만 가을은 이와 다르다. 구름은 희고 바람은 맑으며, 난초와 계수나무는 향기롭다. 물과 하늘이 같은 색이며 천지는 맑다. 봄은 이런 가을이 사람으로 하여금 정신과 뼈를 아울러 맑게 함만 못하다.”

‘채근담’에 나오는 글이다. 이 글도 기운을 들뜨게 하는 봄날보다 가을이 몸과 마음을 맑게 하는데는 적절한 계절임을 이야기하고 있다. 확실히 가을은 마음을 맑게 하며 가라앉히는 힘이 있다. 그래서 사색하게 하고 고독에 빠지게 하기도 한다.

하지만 곱게 물든 절정의 단풍과 함께 할 때는 그렇지 않은 것 같다. 화려한 단풍은 봄꽃 못지않게 사람을 황홀하게 만든다. 그 순간만은 기운을 들뜨게 한다.

지난 주말 문경에 갔다가 사불산에 있는 대승사와 윤필암, 묘적암을 둘러보며 절정의 단풍숲에 빠져들었다. 특히 윤필암에서 묘적암으로 가는 숲길의 단풍 분위기는 혼을 빼놓을 정도였다. 전나무와 각종 활엽수가 하늘이 안 보일 정도로 우거진 숲길 주변은 온통 붉고 노란 오색 단풍이 절정의 빛을 발하며 뒹구는 ‘낙엽 비단’과 어우러져, 탄성이 절로 나오는 황홀한 선경(仙境)을 선사하고 있었다.

단풍숲과 하나가 되는 물아일체(物我一切)가 절로 돼버렸다. 봄 기운과는 다르지만, 마음을 빼앗아 버리는 황홀함은 절정의 단풍이 만화방창(萬化方暢)한 봄꽃보다 더하게 느껴졌다. 특히 붉은색 계열 단풍이 그랬다.

정신마저 빼앗겨 버렸는데 사색을 어떻게 하겠는가. "가을 단풍이 봄꽃보다 붉다(霜葉紅於二月花)"란 말의 또다른 의미를 생각하게 했다.

단풍에 잠시 혼을 빼앗겼지만, 정신이 돌아온 뒤에는 "정신과 뼈(神骨)를 아울러 맑게 한다"는 말에 공감할 수 있었다. 봄꽃이 아닌 '가을꽃' 이기 때문일 것이다.

모두 자연의 힘이지만, 계절마다 주는 그 힘의 성품은 다른 것이다. 흙으로 돌아가는 마지막 순간에도 오색 단풍으로 멋진 아름다움을 선사하는 나뭇잎. 인간 보고 좀 닮으라고 주문하는 듯하다.

(2008. 11. 13)

리안갤러리의 꿈

모든 것은 마음먹기에 달렸다고 한다. 소중한 가르침이다. 꿈을 가지고 매진하다 보면 꿈을 이루고, 긍정적인 마음으로 살면 일 또

한 잘 풀리게 된다. 그리고 큰 꿈을 가지고 성실 · 정직하게 노력하는 사람이 그 꿈을 이뤄가는 모습을 지켜보는 것은 기분 좋은 일이다.

대구 리안갤러리 이야기다. 2007년 3월에 개관한 리안갤러리는 3년이 지난 지금 벌써 국내의 대표적 갤러리임은 물론 국제적으로도 큰 관심을 끄는 갤러리로 성장했다. 대구의 리안갤러리로 출발했으나, 7개월 후 리안갤러리 창원을 개관한데 이어 지난해 11월에는 서울에 쇼룸 규모의 리안갤러리를 개관했다. 서울은 곧 본격적인 갤러리로 확대할 예정이다.

이런 외형적인 성장보다 더 의미가 있는 것은 국내외 미술계의 관심과 평가다. 서울의 일류 화랑들이 리안의 기획력과 성장세에 각별한 관심과 놀라움을 보이고 있고, 외국의 유명작가들은 리안갤러리 전시에 초청받기 위해 줄을 서고 있다.

개관 초기에 유명작가 전시회를 유치하기 위해 온갖 어려움을 겪던 때와 비교하면 격세지감이 느껴질 정도의 성장이다. 국내의 일류 화랑들은 자신들도 하기 어려운, 화려한 전시회 이력을 보고 놀라며 비결을 물어오기도 한다. 요즘은 외국의 컬렉터와 갤러리도 인터넷으로 작품 구입이나 공동 전시 등을 종종 문의해 온다고 한다.

일류 갤러리를 위한 신념과 꿈을 잃지 않고 정직하게 갤러리를 운영해온 덕분이다. 좋은 전시를 꾸준히 하다보면 미술애호가와 작가들의 신뢰를 얻을 수 있을 것이라 믿고, 어려운 시기에도 오히려 더 적극적인 투자를 하며 좋은 전시를 해왔다. 특히 작가와의 신뢰를 위해 한 번도 전시약속을 어기지 않았다. 개관전인 '앤디 워홀' 전을 비롯해 '데미안 허스트' 전, '알렉스 카츠' 전, '백남준' 전 등 국내의 대표적 화랑들도 하기 어려운 전시회를 꾸준히 해왔다. 특히 데미안 허스트전은 어렵게 전시회를 마무리했지만, 그 파급 효과는 매우 컸다.

그렇게 자신감과 꿈을 가지고 최선을 다해 좋은 전시회를 계속해 온 덕분에 짧은 기간 안에 지금의 위상에 이른 것이다. 미술 컬렉터로 20여년 동안 활동하며 생각해온 꿈을 일궈가고 있는 안혜령 대표는 자신의 꿈을 이야기하면 놀랄 것이라고 했다. 확인하지는 않았지만, 세계 일류 갤러리로 키우고 국내 유망작가들을 세계적 작가로 키우는 일이 아닐까 생각한다.

기본적으로 여건이 돼야 하겠지만, 경제력이 있다고 다 되는 일은 아니다. 그는 처음부터 대구 · 한국을 넘어 세계를 무대로 하는 갤러리를 목표로 했다. 현재 '미술만큼은 대구가 전국 1번지' 라고 자부하는 그는 긍정적 생각, 큰 꿈을 갖는 일이 무엇보다 중요하다고 강조한다.

리안갤러리가 계속 발전할 것으로 믿으며, 그 꿈을 이뤄가는 걸 계속 볼 수 있기를 기대한다. 이처럼 큰 꿈을 일궈가는 이들이 분야마다 속속 생겨나 침체된 대구 모습을 빨리 바꿔주면 좋겠다.

(2010. 9. 9)

어플루엔자와 물박정후

많은 이들이 돈만 많이 있으면 삶이 행복할 것으로 생각한다. 원하는 모든 것을 얻을 수 있고, 많이 소유할수록 더 행복해진다고 믿는다. 남보다 더 갖기 위해 온갖 에너지를 다 쏟는다.

하지만 그런 삶이 진정한 행복을 가져다주지 못한다는 것이 문제다. 경제적으로 나아져도 무력감이나 불안감은 더 심해진다고 호소하는 사람이 많다. 결코 진정한 행복을 누리지 못하는데도 불구하고, 사람들은 왜 그런 삶을 살게 될까.

최근 현대인의 이런 삶과 병에 대한 진단을 내놓은 책이 번역·출판돼 눈길을 끌었다. 임상소아심리학자 출신의 영국 작가 올리버 제임스가 저술한 '어플루엔자'이다. 어플루엔자(affluenza)는 어플루언스(affluence, 풍요)와 인플루엔자(influenza, 유행성 감기)의 합성어다. 이는 물질적으로 풍요로워질수록 더 많은 것을 욕망하는 현대인의 탐욕이 만들어낸 질병을 뜻한다. 풍요로워질수록 더 불행해지는 '부자병'을 지칭한다 하겠다.

이 병에 감염되면 "소비가 우리를 자유롭게 하리라"는 소비지상주의 환상을 좇다가 무력감과 과도한 스트레스, 욕구 불만, 불안감, 우울증, 피해망상 등에 시달리게 된다.

개개인의 개성과 정체성을 상실한 채 거대 산업문명에 편입되고, 거센 허상(虛像) 물결에 휩쓸리면서 이런 증상을 앓게 된다. 공허

하고 우울할수록 소비에 탐닉하지만 문제는 결코 해소되지 않는다.

자본주의 본고장 미국에서 발생한 이 바이러스는 광고와 텔레비전에 의해 급속히 확산됐다.

우리도 이 질병으로부터 자유롭지 못하다. 한국이 OECD 국가 중 자살 1위(2004년 이후)라는 불명예를 갖고 있는 것은 어플루엔자 감염의 증거가 아닐까.

거짓 행복을 좇으며 오히려 진정한 행복과는 거리가 멀어지는 껍데기 삶을 반복하는 악순환의 길을 걷고 있지는 않는지 돌아볼 일이다.

물박정후(物薄情厚)라는 말이 있다. '소학(小學)'에 나오는 말이다. "물질적으로는 박하지만 인정은 두텁다"는 의미로, 사람 사는 도리를 이야기하고 있다.

서로 더불어 살아가야 하는 인간에게 진정한 행복은 바로 이 두터운 인정에서 나온다 하겠다.

어플루엔자 감염자라면 이 물박정후의 심성을 살려내 튼튼히 키워나가는 것이 적절한 처방전일 것이다.

이번 크리스마스에는 자신과 자녀에게 이 '물박정후 바이러스'도 함께 선물할 수 있으면 좋겠다.

(2009. 12. 24)

아름다운 사람

2009년 한 해 동안 가장 감동적으로 다가왔던 일, 황량한 가슴을 듬뿍 적시는 단비 같았던 일을 무엇일까. 사람마다 다르겠지만, 지난 6월 MBC '황금어장'의 '무릎팍 도사' 코너에 출연한 안철수 카이스트 교수의 삶 이야기를 꼽고 싶다. 본 사람이라면 대부분 공감하리라 생각한다. 아무리 되새겨도 싫지 않을 것 같다.

어떤 이는 그동안 수백 권의 경영서적을 읽고 잘 나가는 CEO들의 강연을 수십 번 들었지만, 그처럼 감동적인 경영철학을 전해주는 이는 없었다는 이야기를 하기도 한다. 감동이 어찌 경영 측면에서만 그치겠는가. 내면의 향기가 우러나는, 큰 울림을 주는 그의 이야기들은 한 번 듣고 흘려버리기에는 너무나 아까운 내용들이다.

그가 의사 직업을 버리고 백신 개발자로 나선 동기는 돈을 벌기 위한 것이 아니었다. 누군가는 해야 할 일이고, 자신이 적임자라 생각했기에 시작했다. 그리고 어렵게 경영하던 중, 외국의 한 백신회사가 1천만 달러의 거액을 제시하며 회사를 넘길 것을 제안했으나 그는 바로 거절했다.

"내가 그렇게 함으로써 얻는 것은 돈이 전부지만, 직원들은 정리해고 될 것이고 국민들은 무료 백신을 더 이상 받을 수 없게 될 것이다. 내겐 돈보다 공익이 중요하다. 난 돈 때문에 일하지 않는다."

다른 기업가들과는 생각의 차원이 달랐다.

그는 회사운영이 안정권에 접어든 후 홀연히 안철수연구소를 떠난다. 떠나면서 자신의 주식을 모두 직원들에게 나누어주었다. 그렇게 한 이유를 묻자 "제가 혼자 잘나서 회사가 성장한 것이 아니며, 자기 일처럼 열심히 했던 직원 한 사람 한 사람의 땀과 노력이 있었기에 가능했던 일이기에 그들에게 주식을 돌려 준 것뿐이다"라고 대답했다. 보통 그릇의 인물이 아님을 알게 하는 대목이다. 이런 인물들이 우리 사회를 이끌어나간다면 용산참사나 쌍용차사태 같은 불행한 일도 일어나지 않을 것이다.

또한 지난해 세계 금융위기 주범도 금융엘리트들이라는 사실을 전하면서 "똑똑한 엘리트지만 개인적인 성공만 추구하는 사람이 과연 우리 사회에 도움이 되는가를 심각하게 생각해보지 않을 수 없게 되더라"고 한 말은 특히 각별하게 다가왔다.

군 시절 사병에게 반말을 해야 했던 때가 제일 힘들었다거나, 일에 몰두하느라 가족에게 이야기도 못하고 입대했다는 이야기 등 모두가 감동과 재미 그 자체였다. 티 없는 순수함이 묻어나는, 쓸데없는 권위나 자만이라고는 눈곱만큼도 느껴지지 않는 그의 언행이 주는 울림의 크기는 위대한 영적 지도자 못지않았다.

이런 아름다운 사람이 주는 감동은 오래도록 잊지 말고 많은 이들이 서로 공유할수록 좋지 않겠는가. 보다 살만한 인간사회를 만들어가는 힘이니까. (2009. 12. 31)

5. '침묵의 소리'를 듣자

'침묵의 소리'를 듣자

멋진 술자리

천하 명필 왕희지(307~365)가 중국 동진시대 회계군수로 지낼 때다. 화창한 봄날, 회계산의 명승지 '난정(蘭亭)'에 명사들을 초청해 술자리를 펼쳤다. 정자 주위에 물길을 끌어들여 술잔을 띄우고 시 짓기 놀이를 했다. 즉흥시를 짓지 못하면 흘러오는 술잔을 벌주로 마셨다. 시상을 다듬으며 술을 자청해 마시기도 했을 것이다.

이날 지은 시를 모아 시첩을 묶으면서 그가 즉석에서 서문으로 쓴 글이 유명한 '난정서(蘭亭序)'다. 천하에 둘도 없는 명필이고 명문장으로 평가받고 있다. '난정서' 글씨는 왕희지 자신이 보기에도 신기할 정도로 명품이어서 맑은 정신으로 수없이 다시 써 보았으나, 그렇게 써낼 수 없었다. 그 진본은 훗날 그것을 너무나 애호했던 당태종이 무덤에 넣어달라는 유언에 따라 무덤 속으로 사라졌다 한다.

"성대한 악기 연주는 없어도, 한 잔 술에 시 한 수를 읊어 저마다의 그윽한 정서를 펴기에 족하구나."

난정서에 들어있는 문구다. 이날 펼쳐졌던 술자리 정도면 멋진 술자리라 하겠다. 좋은 사람과 함께 하는 술자리라면 다 즐겁겠지만, 이런 풍류가 더해진다면 더욱 멋지지 않겠는가.

지난 봄 어느 날 저녁, 1차 술자리를 파한 뒤 한 친구와 함께 지인인 한학자 집에 들르게 됐다. 차를 마신 뒤 술자리를 마련했다. 마침 안동소주가 있어 개봉하고, 옛날 소반에 집에 있는 두부와 물김치, 배추김치로 간단한 술상이 차려졌다. 술이 한두 잔 돈 뒤 한학자에게 시창(詩唱)을 청했다.

기분이 괜찮았던지 선뜻 중국 최고의 이별시로 꼽히는, 왕유(699~759)의 시 '송원이사안서(送元二使安西)'를 읊기 시작했다.

"위성의 아침 비 가벼운 먼지를 적시니(渭城朝雨浥輕塵)/객사의 푸릇푸릇한 버들 빛이 새롭다(客舍靑靑柳色新)/그대에게 권하노니 다시 술 한 잔 마시게(勸君更進一杯酒)/서쪽으로 양관을 나서면 친구도 없을테니(西出陽關無故人).”

왕유가 위성에서 친구인 원이를 서역 먼 곳으로 떠나보내며 지은 시다. ‘양관(陽關)’이 있는 결구를 세 번 불렀다고 해서 ‘양관삼첩(陽關三疊)’으로도 통하는 이별노래다. 위성은 당나라 때 장안에서 서쪽으로 떠나는 사람들을 전송하는 이별의 장소로 유명하다. 이 시에 대한 배경과 내용을 지도를 펼쳐 보이며 설명한 뒤 부르는 그의 유장한 시창을 들으니 절로 그 정취 속으로 빠져들었다.

이어서 ‘동방의 양관삼첩’으로 불리는, 고려시대 정지상(?~1135)의 “…대동강물 언제 다할 것인가/이별의 눈물 해마다 푸른 물결에 더하는 것을”로 끝나는 ‘송인(送人)’을 노래했다. 흥이 일자 다시 “술을 마시려면 삼백 잔은 마셔야지(會須一飮三百杯)”라는 구절이 들어있는 이백의 ‘장진주(將進酒)’도 불렀다.

멋진 분위기 속에 술잔을 비우다보니 모두 시간가는 줄 몰랐다. 술병은 비고, 어느새 시침은 새벽 3시를 넘어서고 있었다.

“문자향 가득한 그대 서재에 앉아/김치 · 두부 놓인 옛날 소반 앞에 놓고/술 한 잔에 시 한 수 읊는 소리/드문 흥취에 취해 시간 가는 줄 모르네/안동소주 술병 비니 아쉬움 달랠 수밖에.”

술로만 취하려는 우리의 ‘폭력적 술문화’를 생각해 보게 된다.

(2010. 6. 10)

'침묵의 소리'를 듣자

사람들과 만나 함께 떠들다 집으로 돌아왔을 때 문득 공허감이 밀려올 경우가 가끔 있다. 함께 한 이들이 경쟁적으로 별 쓸 데 없는, 소음 같은 말들을 쏟아낸 자리가 파한 뒤에 그렇다. 마지못해 이야기를 들어주고 대꾸하며 에너지를 소진했기 때문일 것이다.

그런 경우는 사람 말이 공해이고 소음이다. 소음보다 더 해롭다. 요즘 소음 같은 언어에 묻혀 산다 해도 지나친 말이 아닐 것이다. 무책임한 말, 남을 배려하지 않은 말이 난무하고 있다. 내면에서 익지 않은 말, 영혼을 황폐하게 하는 언어가 쏟아지고 있다. 왜 요즘 사람들의 언어가 이처럼 대부분 소음으로 전락했을까. '침묵의 소리'에 귀를 기울이지 않기 때문일 것이다.

며칠 전에 영화 '위대한 침묵'을 보았다. 이 영화 이야기를 접한 후 영화를 본 사람들로부터 하나같이 지루하고 잠만 오더라는 반응을 들었다. 하지만 나는 꼭 보고 싶었다. 영화는 1688년 해발 1천 300m의 알프스 깊은 산중에 세워진, 가장 금욕적인 생활을 하는 카르투지오 수도원 수도사들의 일상과 자연을 담고 있다.

내래이션이 없고, 대사도 거의 없다. 가끔 자막으로 대화나 기도문의 내용을 전해주는 정도다. 새소리나 수도사들의 움직임 소리, 기도문 읽는 소리만 들리는 가운데 수도원의 하루 일상과 계절 흐름이 이어지고 반복된다. 160분 동안.

예상한대로 나에게는 참으로 좋은 영화였다. 영화가 만들어낸 침묵의 세계로 잠시나마 빠져드는 귀중한 시간을 가질 수 있었다.

필립 그로닝 감독이 1984년 침묵에 관한 영화를 만들겠다는 생각으로 카르투지오 수도원 수도사를 만났으나, 10여 년 후에나 가능할 것이라는 답을 듣는다. 15년이 흐른 1999년 수도원으로부터 전화를 받고 영화화를 준비한다. 2002년부터 2년여에 걸친 촬영을 거쳐 20여년 만에 영화를 완성한다. 관객들이 짧은 시간이나마 침묵을 경험하며 삶의 본질을 만나고 체험케 하기 위해서였다.

그러나 감독의 이런 노력과 의도에도 불구하고 관객 대부분은 흥미를 느끼지 못한 것 같다. 앞 부분만 보다 잠을 잤다거나 보다가 나왔다는 등의 반응이다. 일반인은 물론 가톨릭 신부와 신도들도 대부분 지겨워했다는 말도 들었다.

언제나 밖으로만 치달으며, 사색하고 명상하는 침묵의 시간을 갖지 않는 현대인. 가정이나 직장은 물론 여행에서도 내면의 소리를 들을 기회를 잘 갖지 않는다. 침묵 훈련이나 묵언(默言) 수행이 수행자에게만 필요한 것은 아니다.

영혼의 소리를 듣고 생기 충만한 삶을 살기 위해서는 침묵할 줄 알아야 한다. 말을 함부로 쏟아내지 말고 생각도 쉬어, 침묵의 소리를 듣도록 노력할 일이다.

생기 넘치는 봄도 침묵의 겨울로부터 온다.

(2010. 4. 1)

내조의 여왕

어느 가난한 선비에게 반가운 손님이 찾아왔다. 선비는 집안 형편이 그럴 처지가 아닌 줄 알면서도 아내에게 술상을 내오라고 했다. 아내는 방법을 생각하다 삼단 같은 머리카락을 잘라 바꾼 돈으로 술상을 차려 내놓는다.

어릴 적 읽은 옛날 이야기다. 시대가 만들어낸 여성상을 드러내는 무조건적 순종의 의미가 아니라, 남편이 하는 일을 전적으로 신뢰하고 지지하는 마음으로 한 행동으로 볼 수도 있을 것이다. '내조의 여왕' 은 바로 그런 마음의 아내가 아니겠는가. 그 선비가 학문을 갈고 닦아 대학자가 되거나 과거에 합격해 후세의 귀감이 되는 정승이 됐다면, 그 공의 절반은 아내 몫일 것이다.

이야기 속의 아내가 아니라 불평과 닦달만 해대는 아내라면, 찢어질 듯한 가난 속에서도 책장만 넘기고 있어야 하는 선비가 계속 학문을 하고 어떤 성취를 이룰 수가 있겠는가.

선비와 아내의 위치를 바꾸고, 술상 차리는 것을 다른 일로 대치하면 이 시대에도 적용될 이야기다. 가정의 경제사정이 어려운데도 불구하고 별로 가계에 도움이 안 되는 일을 하게 될 때, 누구나 마음이 편할 수가 없다. 예술가에게 특히 그런 경우가 많다. 그럴 때 가족이, 특히 배우자가 불평 없이 고통을 감내하며 생활을 꾸려나가 주면 정말 고맙지 않을 수가 없다. 나아가 자신의 일에 대해 칭찬하고 용기를 불어넣는 적극적인 지지자가 되어준다면, 그보다 큰 응원은 없을 것이다.

지난 토요일, 팔공산 자락에서 가족들과 함께 생활하며 작업을 하는 도예가를 오랜만에 찾아가 차를 한 잔 나눴다. 투박한 작품, 창의성이 돋보이는 작업을 하는 도예가다. 며칠 전 올해 들어 처음 도자기를 구워냈는데, 작품 중 일부를 아내가 모두 부숴버렸다는 이야기를 하였다. 작품 중에 주문을 받아 만든 생활도자기 작품이 있었는데, 그것을 보더니 "당신의 작품이 아니다"라며 깨버렸다는 것. 생활에 좀 보탬을 주고자 자신의 작품스타일과 다른 대중적인 작품으로 만든 것이었다.

아내의 행동에 화가 많이 났지만, 속으로는 아내의 마음이 와닿아 스스로 부끄러워질 정도로 고마웠다고 했다. 20여 년이라는 긴 세월 동안 어려움을 견디며 생활해왔는데, 생활고 때문에 남편이 자신의 작품 스타일까지 바꿔가며 판매 목적의 작품을 만드는 것은 용납할 수 없다는 마음이었던 것이다.

계속 고생하며 살아도 괜찮으니 세태에 영합하지 말고 하고 싶은 작업을 꾸준히 해, 결국 인정받는 작가가 되길 원하는 그 마음에 감동하지 않을 수 없었다.

참으로 훌륭한 내조자라는 생각이 절로 들었다. 쉽지 않은 일이기 때문이다. 어려운 가운데서도 서로를 위하는 마음이 도예가의 아내가 찻상 위에 꽂아놓은 찔레꽃 향기처럼 맑고 은은하게 와닿는 듯했다.

어려운 형편이더라도 서로 배우자의 일을 적극적으로 지지해주며 자존심을 지켜줄 수 있도록 노력할 일이다. (2009. 5. 21)

애주가의 반성

연암 박지원은 대단한 애주가였다. 가난한 그의 아내는 연암의 음주량을 줄이기 위해 손님이 집에 올 때만 술을, 그것도 막걸리 딱 두 잔만 내놓았던 모양이다. 그러자 연암은 술 생각을 못 이기면, 집 앞을 지나는 낯선 선비를 억지로 집에 불러들여 아내가 술상을 내오게 했다는 일화가 전할 정도다.

이런 연암이 후일 술을 경계하는 글을 남겼다. 유득공에게 보낸 편지글이다.

"옛사람들이 술을 경계한 것이 참으로 의미심장하다 하겠소. 술주정하는 것을 가리켜 '후(酗)'라 한 것은 그 흉덕(凶德, 악한 행실)을 경계한 것이요, …술잔 '배(盃)' 자는 '가득 채우지 말라(不皿)'는 뜻이고, 창(戈) 두 개가 그릇(皿) 위에 있는 '잔(盞)'은 서로 다툼을 경계한 것이지요. 술 '유(酉)' 부에 죽을 '졸(卒)' 자의 뜻을 취하면 취할 '취(醉)' 자가 되고, 살 '생(生)' 자가 붙으면 술 깰 '성

(醒)' 자가 되지요.

…우리들이 술 마시기를 즐기는 것은 옛사람들보다 더하면서 옛사람이 경계하도록 남긴 뜻에 대해서는 어두우니, 어찌 크게 두려운 일이 아니겠소. 부디 이제부터 우리들이 술을 대하면 문득 옛사람이 글자 만든 깊은 뜻을 생각하고, 옛사람이 만든 술그릇 이름을 다시 돌아보도록 함이 어떻겠소."

애주가는 물론 애주가 아닌 이도 감당해야 할 술자리가 평소보다 많아지는 요즘이다. 연암의 이같은 반성을 함께 하면서 술자리에 임하는 것도 좋을 듯하다.

다산(茶山) 정약용이 유배지에서 글공부보다는 술을 좋아한다는 작은 아들에게 보낸 편지를 보면, 술을 경계하는 마음이 더 절실하다.

"술 맛이란 정말로 입술을 적시는데 있다. 소가 물을 마시듯 마시는 사람들은 입술이나 혀는 적시지도 않고 곧장 목구멍에다 털어넣는데, 그들이 무슨 맛을 알겠느냐. 술 마시는 정취는 살짝 취하는데 있지, 얼굴빛이 홍당무처럼 붉어지고 구토를 해대고 잠에 곯아떨어져 버린다면 무슨 정취가 있겠느냐.… 나라를 망하게 하고 가정을 파탄시키거나 흉패한 행동은 모두 술 때문이다."

다산이 권하는 주량에서 그치기란 쉽지 않겠지만, 과음을 경계하는 그 뜻은 깊이 새겨야 하지 않을까.

(2008. 12. 11)

과메기 추억

1980년대 중반 한동안 산 속 사찰에 머문 적이 있다. 당시 그 절의 스님 권유로 처음 녹차를 마셔보았다. 약간 떫은 맛이 느껴질 뿐 별 맛이 없었다. "뭐 이런 것을 맛 좋다고 먹나"라는 생각이었다.

하지만 그 후에도 가끔 녹차를 마시게 되었고, 직장생활을 하며 다시 차를 자주 접하게 되면서 녹차를 점점 즐기게 되었다. 지금은 가장 즐기는 음료가 녹차 · 발효차다.

'샹차이(香菜)'라는 채소가 있다. 대부분의 중국 음식에 들어가는 이 채소의 향은 한국인이 중국 음식에 질리게 하는 주 요인이 되고 있다. 강한 향이 처음에는 역겹게 느껴진다.

우리나라에서는 '고수'라고 불리며, 주로 스님들이 절에서 길러 먹는다. 절에서 처음 맛본 이 샹차이도 몇 번 먹게 되면서 차츰 맛을 들이게 되었다. 지금은 미나리처럼 즐기고, 샹차이가 들어간 중국 음식도 매우 좋아한다.

홍어도 마찬가지다. 처음에는 거부감이 느껴졌으나, 점차 맛들이게 되면서 지금은 즐기는 음식 중 하나가 됐다.

과메기를 처음 맛본 것은 1970년대 말로 기억한다. 친구 몇 명이 만난 날, 포항 출신의 친구가 신문뭉치를 들고 왔다. 신문을 펴니 꼬들해진 꽁치 몇 마리가 나왔다. 겨울 별미 '과메기'라 했다. 기름이 줄줄 흐르는 과메기의 껍질을 벗겨가며 처음 그 맛을 보았다. 별

맛을 모르겠다 싶은데 그 친구는 잘도 먹었다. 과메기도 지금은 즐겨 먹는다.

맛을 아는 사람들만 즐기던 과메기가 요즘은 대중적 별미 음식이 되고 있다. 고기의 눈을 꼬챙이로 꿰어 말렸다는 뜻의 '관목(貫目)'에서 그 이름이 유래했다는 과메기는 처음에는 청어를 사용했으나, 1970년대 말부터 대부분 꽁치로 만들기 시작했다.

겨울 바닷바람을 맞으며 냉동과 해동을 거듭, 별미로 재탄생하는 과메기의 본고장은 영일만이다. 포항시의 올해 과메기 생산 목표는 6천700여 톤이고, 매출 목표는 600억원이나 된다.

다양한 음식의 진미를 제대로 즐기려면 낯선 음식 먹기를 시도하고, 첫 느낌이 별로더라도 그만두지 말고 꾸준히 먹어보아야 하는 것이다.

음식만 그렇겠는가. 사람이나 다른 일도 마찬가지다.

(2008. 11. 27)

행복한 음식

며칠 전 대구 가창의 한 칼국수 식당을 찾았다. 음식 선택이 좀 까다로운 지인과 함께 갔다. 밀, 미나리 등 직접 농사 지은 재료를 사용해 음식을 만드는데다 음식 솜씨도 좋다며 강력하게 추천한 집이다. 막걸리도 직접 담그는데 맛이 최고라고 했다.

도토리묵을 곁들여 막걸리를 먼저 맛 보았다. 참으로 오랜만에 느껴보는 맛이었다. 시골집에서 고두밥과 누룩으로 담가 먹던 옛날 밀주(密酒) 막걸리맛이었다. 흔하게 접하는 막걸리나 동동주와는 달랐다. 마침 식당 한 귀퉁이에는 커다란 술독의 술이 한창 익어가고 있었다. 술 익는 소리와 냄새를 듣고 맡아보는 감흥도 각별했다.

도토리묵도 오랜만에 맛보는 제맛이었고, 옹기 항아리에 끓여온 칼국수도 아주 맛있게 먹었다. 옛날 시골음식맛에 각인된 미각이 오랜만에 그 '고향의 맛'을 접하고는, 온 세포들이 즐거워하는 것 같았다. 행복한 시간이었다.

며칠 후 대학 동기들과 다시 가서 호박전, 수육, 미나리전 등도 먹어보았다. 역시 맛있었고, 일행 모두 좋아했다.

그 음식을 즐기면서 30~40년 전 시골생활의 추억이 어제 일처럼 떠올랐다. 큰집 할머니방 아랫목에는 때때로 이불로 둘러싼 술독이 차지하고 있었다. 술이 한창 익을 때 방문을 열면 특유의 술 익는 냄새가 확 풍겨나오고, 방에 있으면 보글보글 술 익는 소리가 정겨웠다.

그리고 단속원이 떴을 때의 풍경은 가관이었다. 당시에는 생나무 베는 것을 감시하러 나오던 산감(山監)이 밀주도 함께 단속했다. 산감이 온다는 정보가 다다르면 온 동네가 난리다. 그런 난리가 없다. 술독과 생나무 땔감을 감추느라 온 동민이 동원돼 법석을 떨었다. 그런 모습을 1970년대 초까지 볼 수 있었던 것 같다.

국수를 해먹는 날에는 국수 썰 때 옆에서 기다리면 어머니나 할머니가 반드시 그 꽁지를 조금 남겨준다. 그러면 그것을 들고 부엌으로 달려가 구워먹었다. 먹을 것이 부족했던 시절, 특별한 간식이고 큰 즐거움이었다.

당시 먹을거리는 부족하고 모든 음식은 소박했다. 하지만 신토불이(身土不二) 농산물로 정성들여 만든 것이라 다 맛있었다. 그 맛이 우리 몸에 깊이 각인됐을 것이다. 어쩌다 한 번씩 그런 음식을 맛보면 몸과 마음이 다 행복해진다.

영화 '식객' 에서 순종이 눈물을 흘리며 그릇을 말끔히 비웠던 음식도 별난 것이 아니었다. 평범한 우리 식재료로 만든, 소박하지만 사연이 깃든 것이었다.

요즘 아이들은 일찍부터 패스트푸드와 학교 주변 길거리 음식, 외식에 길들여지고 있다. 이 아이들이 성인이 된 후 추억할 음식맛은 어떤 것이 될 지 궁금하다.

음식물이 넘쳐나는 환경이라 쉽지는 않겠지만, 아이에게 훗날 '행복한 음식맛' 을 누릴 수 있도록 하는 일은 참으로 중요한 엄마의 역할일 것이다. 어릴 적 '엄마 음식' 은 두고두고 소중한 삶의 자양분(滋養分)이 되기 때문이다.

(2009. 4. 16)

관용의 힘

'절영지연(絶纓之宴)' 이라는 고사성어가 있다. '갓끈을 끊고 즐기는 연회' 라는 뜻으로, 남의 잘못을 관대하게 용서해주거나 어려운 일에서 구해주면 반드시 보답이 따름을 이야기한다.

중국 초(楚)나라 장왕이 전투에 이긴 뒤 문무백관을 궁중으로 초대해 성대한 연회를 베풀었다. 참석한 신하들이 큰 소리로 환성을 지르며 왁자지껄한 분위기가 이어졌다. 그때 갑자기 촛불이 꺼졌고, 곧이어 왕의 애첩이 비명을 지르는 소리가 들렸다. 누가 그녀의 가슴을 더듬고 입을 맞추며 희롱했던 것이다. 하지만 그녀는 놀라면서도 그 사나이의 갓끈을 잡아 뜯고는 왕에게 호소했다.

"폐하, 촛불을 켜게 하시고 갓끈이 없는 자를 잡아 주세요."

불만 켜면 갓끈이 끊긴 자가 감히 왕의 애희(愛姬)를 희롱한 자라는 게 드러날 판이었다. 그러나 왕은 도리어 불을 켜지 못하게 하고, 큰소리로 모두에게 갓끈을 떼어 던지도록 했다. 그래서 다시 불을 켰어도 그 자리에 모인 모든 장수가 갓끈을 뗀 뒤라 누가 그런 무엄한 짓을 했는지 드러나지 않았다.

3년 뒤 진(秦)나라와 전쟁이 벌어져 진군에게 패한 왕이 위급한 상황에 빠지자 한 장수가 목숨을 내던져 분전, 왕을 구했다. 그리고 그의 용기 덕분에 드디어 대승을 거두게 되었다. 장웅이란 장수였다.

장왕이 그를 불러 물었다. "나는 평소에 그대를 특별히 우대한 것도 아닌데 어째서 그토록 죽기를 무릅쓰고 싸웠는가?" 그 장수가 엎드려 말했다. "저는 이미 죽은 목숨이었습니다. 3년 전에 갓끈을 뜯겼던 사람이 바로 저였습니다. 그때 폐하의 온정으로 살아날 수 있었으니 그 뒤로는 목숨을 바쳐 폐하의 은혜에 보답하려 했을 뿐입니다."

이 싸움에서 진을 이기고 난 다음부터 초는 차츰 강대해져서 장왕은 마침내 춘추오패(春秋五霸)의 한 사람이 되었다.

큰 가르침을 주는 이야기다. 장왕은 화가 났겠지만, 화를 삭이면서 작은 일로 소중한 인재를 잃게 해서는 안 된다는 생각을 할 줄 아는 도량을 가졌던 것이다. 덕분에 장웅이 그의 하해같이 넓은 마음에 감복, 목숨 바쳐 은혜에 보답한 것이다.

인간 관계는, 인간이 하는 일은 이런 것이다. 관용은 이렇게 대단한 힘을 발휘할 수도 있다. 큰 일을 도모하는 사람이라면, 멋지고 윤택한 삶을 원한다면 이런 관용을 베풀 줄 아는 능력을 길러야 할 것이다.

천안함 침몰 사건으로 남북관계는 험악해졌고, 최근 이스라엘군이 팔레스타인 가자지구로 향하던 국제구호선을 공격하는 사건이 일어나면서 국제사회도 더 각박해지고 있다. 답답한 일들이다. 그리고 온갖 술수와 비리 · 부도덕이 난무했던 6 · 2 지방선거도 끝났다. 이런 일들을 보면서 절영지연 고사를 떠올려보았다. '관용의 기술'이 필요한 사안들이라 생각하기 때문이다.

무턱댄 관용을 주문하는 것은 아니다. 고사의 경우처럼 적절한 관용을 베풀 줄 아는, 지혜롭고 덕 있는 지도자가 많아지면 좋겠다.

(2010. 6. 3)

'발끈한 힐러리'를 보며

사람 마음은 참 알기도 어렵고, 다루기도 어렵다. 내 마음이라도 내가 원하는 대로 조절할 수가 없다. 내 마음을 통제하는 것, 내가 마음의 주인이 되는 것이 세상에서 가장 어려운 일이라 해도 과언이 아닐 것이다.

달마대사는 "마음, 마음, 마음이여. 참으로 알 수가 없구나. 너그러울 때는 온 세상을 다 받아들이다가도 한번 옹졸해지면 바늘 하나 꽂을 자리도 없으니"라고 말하기도 했다.

차를 운전하다 보면 앞차가 전체적 흐름보다 너무 느리게 운전하거나, 옆차가 차로를 갑자기 변경해 끼어드는 경우를 종종 당한다. 교차로에서 진로가 다른 차로로 급하게 들어오는 차 때문에 놀라기도 한다. 이럴 경우 내 마음 컨디션이 좋지 않을 때는 화가 나고 짜증이 나기도 한다.

그럴 때 다시 마음을 돌이키면, 대부분 상대방이 초보자이거나 길을 잘 몰라 생긴 경우 등 충분히 그럴 만한 이유가 있었을 것이라고 생각하게 된다. 상대의 처지를 헤아리지 못하고 내 생각에만 빠져 잠시나마 불쾌함을 자초(自招)한 것이다.

이런 일이 가끔 있다. 상대의 행동이 그 입장에서는 충분히 그럴 만한 사정이 있었을 상황임에도, 옹색한 내 마음의 장난에 휘둘려 화를 냈다가 스스로 부끄럽게 생각하는 일 말이다.

힐러리 클린턴 미국 국무장관이 아프리카 콩고 대학생의 질문에 공개적으로 발끈한 일이 발생, 외교관으로서의 자질 부족 논란에 휩싸였다는 최근 보도를 보며 떠올리는 생각이다. 클린턴 장관은 지난 10일 콩고 수도 킨샤사에서 열린 공개포럼에서 한 대학생이 중국의 영향력 확대에 대해 클린턴 전 대통령이 어떻게 생각하느냐는 질문에 "내 남편이 무엇을 생각하는지 알고 싶으냐"고 되물은 뒤 "내 남편이 국무장관이 아니고 내가 국무장관"이라며 격앙된 어조로 답했다는 것이다.

충분히 할 수 있는 질문인데도 그녀가 그렇게 역정을 냈다는 사실 자체를 오히려 납득하기 어렵다 하겠다. 하지만 무엇이 그녀의 깊은 내면 상처나 콤플렉스를 건드렸는지 모른다. 그래서 순간적으로 마음이 바늘 하나 꽂을 자리가 없을 정도로 옹졸해졌을 것이다.

이래서 마음을 다루기가 어려운 것이다. 누구나 이런 일로 자신과 주변을 망칠 수 있으므로, 말 그대로 각별히 '조심(操心)' 할 일이다.

쉽지 않지만 결코 포기해선 안되는 것이 '마음의 주인' 이 되는 일이다. "참고 또 참고, 조심하고 또 조심하라. 그렇지 않으면 결국 작은 일도 크게 되고 말 것이다." "우둔한 자가 분노를 일으키는 것은 모두 이치를 모르기 때문이다. 마음에 불길을 더하지 말고 다만 귓전을 스치는 바람으로 여겨라.…옳고 그름이란 본래 실상이 없어서 결국 모든 것은 다 부질 없는 것이 되는 것이다."

'명심보감' 의 가르침이다.

항상 깨어 있으려고 노력하다 보면, 날뛰는 마음도 점차 길들여 나갈 수 있을 것이다. (2009. 8. 20)

흡연 풍속도

"지금 조선 사람들 사이에 담배가 매우 유행해서 어린아이도 네댓 살부터 피우기 시작한다. 남녀를 막론하고 누구나 피워댄다."

1653년 일본으로 가다가 제주도에 표착(漂着)했던 네덜란드인 하멜의 '하멜표류기' 에 나오는 이야기다.

장유(1587~1638)는 '계곡만필' 에서 "우리나라에서는 200여 년 전에 처음 피웠는데, 지금은 위로 높은 벼슬아치와 아래로 심부름꾼에 이르기까지 피우지 않는 이가 없다"며 당시 담배의 인기 정도를 전해주고 있다.

이런 분위기 덕분에 담배 인구가 급속히 늘면서 담배 재배지역의 확산으로 식량생산에 차질을 빚은 정도였고, 흡연자는 궁궐과 저자를 가리지 않았던 모양이다. 급기야 광해군은 담배냄새로 골머리를 썩인 나머지 신하들에게 자신 앞에서 피우지 말라고 당부했고, 이를 계기로 어른 앞에서 담배를 피우지 않는 게 예절로 굳어졌다 한다.

신윤복의 '연당의 여인', 김득신의 '파적도' 등에서 보듯이 담배는 일상에 깊이 파고들었다. 그리고 담뱃대가 신분의 상징으로 발전해 18세기 이후부터 장죽(長竹, 긴 담뱃대)은 양반이나 선비가 차지했고, 길이가 짧은 곰방대는 서민들이 사용했다.

계속 이어질 것 같던, 이런 애연가 전성시대가 이제 완전히 끝나버렸다.

신문사 사옥에 딸린, 벤치와 화단이 있는 작은 야외정원이 있다. 얼마 전부터 이곳이 흡연장소로 변해 담배를 싫어하는 이는 이용하기 곤란할 정도가 돼버렸다. 신문사 건물(24층)의 여러 직장 사무실에 근무하는 애연가들이 '점령'하기 때문이다.

그들 중 여성흡연자들은 보통 여러 명이 몰려나와 흡연을 한다. 하드나 커피를 들고 오기도 하고, 흡연 후 양치를 위해서인지 컵을 들고 나오기도 한다. 그리고 담배도 쫓기듯이 피운다. 빠른 속도로 연기를 빨아들이고는 다시 빌딩 속으로 들어간다. 무료함을 달래기 위한 담배라는 의미에서 붙여진 '심심초'를 피우는 풍경이 전혀 아니다. 그래서 보기에도 안쓰럽다.

심신의 스트레스를 풀기 위한 흡연이 이래서야 효과가 있을까 싶을 정도다. 부근의 다른 건물도 진풍경을 연출한다. 오전 10시경이면 건물 외부에 돌출된, 층층의 계단마다 담배를 피우는 사람들로 가득하다. 흰 와이셔츠 차림이 대부분이라 멀리서 보면 누에가 가득한 누에시렁이 연상된다.

흡연자 수난시대다. 한겨울 · 한여름의 흡연 모습은 더욱 가관이다. 살을 에는 추운 날씨에도 따뜻한 사무실이 아니라 건물 밖에서 벌벌 떨며 피우고, 무더위가 기승을 부릴 때도 시원한 사무실을 놔두고 밖에서 비지땀을 흘리며 피워야 한다.

이미 이런데도 흡연자의 설자리는 점점 좁아질 전망이다. 이제 건물 밖이라도 마음대로 피울 수 없게 될 것 같다. 모든 공공장소에서의 금연이 추진되고 있기 때문이다.

서울시는 오는 10월부터 공원, 광장, 버스정류장 등의 공공장소에서도 금연을 실시할 예정이다.

후대 애연가들이 이 시대에 태어나지 않았음을 다행으로 생각할 때가 다시 올까.

(2010. 7. 1)

막걸리여 영원하라

요즘 막걸리가 각광을 받고 있다. 국내는 물론 일본이나 미국 등 외국의 막걸리 애호가도 급증하고 있다. 언론도 막걸리의 우수성과 발전 가능성 등을 앞다투어 보도하고 있다. 지나치다 싶을 정도이지만, 반가운 일이다.

나무 중에는 소나무가 우리의 대표 나무라면, 막걸리는 우리 민족의 대표 술이라 할 수 있다. 오랜 세월동안 소나무가 빈부귀천을 불문하고 우리의 삶과 문화, 정신세계에 크나큰 영향을 주었듯이, 막걸리도 마찬가지였다. 누구나 쉽게 만들 수 있었던 데다 맛도 좋았고 영양가도 최고였기에 우리 민족의 삶과는 불가분의 존재였다. 막걸리가 어떤 존재였는지는 시를 통해서도 엿볼 수 있다.

"재너머 성권농 집의 술 익단 말 어제 듣고/누운 소 발로 박차 언치 놓아 지즐 타고/아이야 네 권농 계시냐 정좌수 왔다 하여라."

송강(松江) 정철(鄭澈,1536~1593)의 시다. 좌수(座首) 벼슬을 하던 송강이 권농(勸農)이라는 직책을 맡고 있던 성혼의 집에 술이 익어간다는 말을 듣고, 부르기도 전에 친구 집으로 달려가는 모습이 눈에 선하다.

한석봉도 한 수 읊었다. "짚방석 내지마라 낙엽엔들 못 앉으랴/솔불 켜지마라 어제 진 달 돋아온다/아이야 박주산채(薄酒山菜)일망정 없다 말고 내어라."

자연과 더불어 나누는 소박한 흥취와 정이 그대로 느껴진다. 막걸리가 아니면 생각하기 어려운 분위기다. 소주 · 양주는 아무래도 어울리지 않을 것 같다.

이런 막걸리는 '밀주(密酒) 시대'에 또 하나의 명작을 탄생시킨다. 박목월(1916~1978)의 '나그네'다.

"강나루 건너서 밀밭 길을/구름에 달 가듯이 가는 나그네/길은 외줄기 남도 삼백리/술 익는 마을마다 타는 저녁놀/구름에 달 가듯이 가는 나그네"

술 익는 마을에 드리우는 붉은 저녁놀이 압권으로 다가온다.

막걸리는 탁주(濁酒), 농주(農酒), 박주(薄酒), 재주(滓酒), 곡주(穀酒) 등으로 불리며 오랫동안 우리 민족의 사랑을 받아왔다. 고려 때는 막걸리용 누룩을 배꽃이 필 무렵 만든다고 해서 '이화주(梨花酒)'로도 불리었다. 막걸리는 옛날 중국이나 일본에서도 인기가 있었던 모양이다. 당나라 시인 이상은(李商隱)은 "한 잔 신라주(新羅酒) 기운이 새벽 바람에 사라질까 두렵구나"라고 읊었다. 이 맛있었던 신라주도 막걸리였을 것이다. 일본술의 원류도 백제인이 전한 막걸리였다 한다.

이런 막걸리가 일제의 주세정책과 광복 후 쌀술 금지 정책 등을 거치면서 빛을 잃게 되었다. 그랬던 막걸리가 다시 만인(萬人)의 사랑을 받기 시작한 것이다. 호텔에도 막걸리가 등장하고, 일본인들이 본토 막걸리를 맛보기 위해 찾아올 정도다.

온갖 맛좋은 막걸리들이 마을마다 익어가고, 우리 막걸리가 맥주 · 와인을 대신해 지구촌 애주가들의 입맛을 평정할 날을 기대해 본다. 넉넉한 막걸리의 덕과 더불어. (2009. 8. 6)

경인년 작심

올해 경인년 설 명절에도 모두 복 많이 받았을 것이다. 미리 말로만 받은 복이지만.

한 해 동안 실제 복을 받으려면 어떻게 해야 할까. 건강한 작심(作心)을 하고, 그것을 실천하는 일이라고 본다. 올해 복된 나날을 살기 위해 결코 실천하기가 쉽지 않을 작심을 해본다. 음식을 적절하게 먹는 것이다.

살아가면서 가장 어려운 일이 무엇일까. 사람마다 다르고, 돈이나 여색의 유혹을 참는 일을 꼽는 이도 있을 것이다. 나의 최고 난제(難題)는 음식을 절제하는 일이다. 적당하게 먹는 일이 정말 쉽지 않다. 위장이 건강하지 못해 음식을 절제하지 못할 경우 남달리 고생을 많이 하면서도, '그 짓' 을 반복해오고 있다. 20여 년이 지났음에도 크게 나아지지 않았다. 참으로 어리석은 일이다. 올해는 이 난제를 해결해볼 생각이다.

옛사람도 음식조절은 난제였던 모양이다. 중국 송나라 문인 소동파가 남긴 「음식을 줄여먹자(節飮食說)」라는 글에 있는 말이다.

“나는 오늘부터 하루 동안 먹고 마시는 양을 술 한 잔 고기 한 조각으로 그칠 것이다. 귀한 손님이 있어 상을 더 차려야 한다 해도 그보다 세배 이상은 넘지 않을 것이다. 그보다 덜할 수는 있어도 더 할 수는 없다. 나를 초청한 사람이 있을 때는 미리 이 다짐을 알려준다. 주인이 따르지 않고 더 권하더라도 그 이상은 먹지 않는다. 그렇게 하면 첫째 분수에 맞으니 복이 길러질 것이고, 둘째 위가 넉넉하니 기운이 길러질 것이다. 셋째 비용이 절약되니 재산이 늘어날 것이다.”

잘 실천했는지 모르지만, 단단한 작심이 느껴지는 글이다. 그가 ‘네 가지 조심할 일’이라는 글에서도 “수레나 가마를 타는 것은 다리가 약해질 조짐이고/골방이나 다락방은 감기 걸리기 십상이다/어여쁜 여인은 건강을 해치는 적이고/맛난 음식은 창자를 썩게 하는 독이다”라고 한 것을 보면, 절식은 생활신조였던 것 같다.

조선 순조 때 시인 이양연(李亮淵)은 ‘절식패명(節食牌銘)’을 새긴 패를 만들어 지니고 다니며 과식을 경계했던 모양이다. 절식패명의 문구는 “적당히 먹으면 편안하고(適契則安)/지나치게 먹으면 편치 않다(過契則否)/의젓한 너 천군이여(儼爾天君)/입의 유혹에 넘어가지 마라(無爲口誘)”였다. 천군은 마음을 뜻한다.

이런 글들을 보면, 나만 약한 것이 아닌 것 같아 위로를 받고 더욱 용기를 얻기도 한다. 어떻게 하면 이 작심을 실천할 수 있을까.

"자기를 반성하는 사람은 부딪히는 일이 모두 약이 되고, 남을 원망하는 사람은 생각을 할 때마다 그것이 모두 창이 되리라" '채근담'에 나오는 이 문구처럼, 반성을 반복하며 작심을 계속하다 보면 변화가 있지 않을까 생각한다. 작은 물방울이 바위를 뚫듯이, 반성과 작심을 거듭하다보면 다시는 작심하지 않아도 될 날이 오지 않을까 싶다.

누구나 비슷한 난제를 안고 있을 것이다. 1년 후 작은 성과라도 얘기할 수 있기를 기대한다. (2010. 2. 18)

선을 행하라

남을 배려하고 위하는 마음이 느껴질 때, 우리는 별 것 아닌 일에서도 큰 감동과 고마움을 느끼는 경우가 적지 않다.

지난 주말 영천 은해사 산내 암자 중 하나인 운부암(雲浮庵)을 다녀왔다. 지인들과 함께 늦가을 한가한 걷기 코스로 선택한 곳이었다. 은해사에서 운부암까지는 3.5㎞ 정도. 최근에 내린 비로 산천은 촉촉하고 하늘과 공기는 더없이 맑은 날이었다. 쌀쌀한 기온에다 바람도 약간 불었지만, 색다른 기분을 즐기며 걷기에는 오히려 좋았다.

떨구어낸 잎들이 바닥을 포근히 덮고 있는 산자락에 서 있는 나목들. 그 풍경이 선사하는 정취가 각별했고, 길옆 계곡에 흐르는 물소리는 음악처럼 들렸다. 계곡이 끝나는 곳에 자리잡은 운부암은 '천하명당'으로 불리기도 했던 모양이다. 햇살 가득한 그곳에 도착하자 일행 모두 명당이라 할 만하다는 이야기를 하기도 했다. 운부암 마당에서 잠시 숨을 고르고 누각인 보화루에 올랐다.

보화루에 올라서 바라보니 주변 풍광이 제대로 눈에 들어왔다. 눈길을 돌리니 누각 한 귀퉁이에 차를 우려먹을 수 있도록 차와 차도구를 갖춰놓은 것이 보였다.

법당인 원통전 앞에서 받아온 물을 끓인 뒤 녹차를 우렸다. 운치를 더해주는 멧돌 찻상에 4명이 둘러앉아 따뜻한 녹차를 마시니 기분은 더없이 좋았다.

그리고 누각 창문 앞에도 의자를 두 개씩 놓아두었다. 누구든지 앉아서 풍경을 즐기도록 한 배려였다. 암자를 찾는 이들을 위하는 스님의 마음과 정성이 참으로 고마웠다.

보화루 차 한 잔은 그날 산행의 백미였다. 스님의 배려 덕분에 멋진 누각에서 차를 마시며 만추의 정취가 가득한 풍경을 즐기는 행복한 시간을 가질 수 있었던 것이다. 잘 생긴 소나무들과 아름다운 작은 연못들, 노란 단풍잎이 약간 남은 은행나무 고목 등이 더욱 멋지게 다가왔다.

예전과 달리 주변을 멋지게 가꿔 놓고 그 풍경을 보화루에서 느긋하게 즐길 수 있도록 한 운부암 스님의 마음 씀씀이는 어느 고승의 고준한 법문보다 더 깊은 울림을 주는 법문이었다. 암자를 떠나올 때까지 스님은 보이지 않아, 우리를 쳐다보던 늙은 누렁이에게 고마움을 전하고 돌아왔다.

중국 항저우 자사로 있던 백거이(白樂天, 772~846)가 조과 도림(道林) 선사를 찾아가 불법을 물었다. "어떤 것이 불법(佛法)의 근본입니까?" "어떠한 악도 짓지 말고 온갖 선을 받들어 행하는 것이오" "그런 것은 세살 짜리 아이도 다 아는 얘기가 아닙니까?" "세살 먹은 아이도 말할 수 있으나 팔십 노인도 행하기는 어렵소"

많이 아는 것이 중요한 것이 아니라, 평범한 가르침 하나라도 실천하는 것이 중요함을 일깨우고 있다. 성직자는 물론 모두가 언제나 잊지 말아야 할 가르침이다. 그러면 이처럼 사람들에게 행복과 도움을 주는 일을 찾아 실천할 수 있을 것이다.

(2009. 11. 19)

부드러운 말

"성 안 내는 그 얼굴이 참다운 공양구(供養具)요, 부드러운 말 한 마디 미묘한 향이로다"라는 말이 있다. 온화한 얼굴, 부드러운 말의 힘을 잘 이야기하고 있다. 특히 진심어린 칭찬과 격려의 말 한 마디는 그 무엇보다 큰 힘을 줄 수가 있다.

최근 한 예술행사에서 처음 보는 사람들과 함께 어울린 일이 있었다. 그 중 몇 명이 필자의 칼럼인 '동추 사랑방' 애독자라며 칭찬의 말을 해주었다. 더 나은 글을 위해 사색이나 독서, 대화 등의 시간을 충분히 가지면 좋은데, 그렇지 못한 요즘이라서 글에 대해 스스로 불만인 때도 적지 않다. 독자들의 칭찬과 격려는 이런 필자에게 새로운 용기와 자신감을 불어넣어 준다.

격려와 칭찬의 힘은 대단하다. 적절한 칭찬과 격려는 사람의 일생을 변화시키는 마력이 있다.

수 년 전, 미국 대통령 에이브러햄 링컨이 암살당한 1865년 4월 14일 밤 그의 옷 주머니에 들어 있었던 소지품의 상자가 공개되어 세인의 큰 관심을 끈 적이 있다. 주머니 속 물품은 'A. 링컨' 이라고 수를 놓은 손수건 한 장, 펜을 수리할 때 사용하는 소형칼, 실로 묶어서 고쳐 놓은 안경집, 5달러 지폐 한 장이 든 지갑, 그리고 신문기사를 스크랩한 낡은 종이 몇 장이었다.

유품 가운데 가장 관심을 끌었던 것은 스크랩된 신문기사였다. 링컨의 업적을 보도한 기사들이었다. 그 중 하나는 링컨을 "모든 시대를 통틀어 가장 위대한 인물 중 한 사람"이라고 언급한 영국의 유명한 정치가 존 브라이트의 연설문이었다.

지금과 달리, 링컨이 생전에는 미국 역사상 그처럼 심한 논란과 시비의 표적이 된 대통령이 없을 정도였다. 수많은 사람들의 비난과 거친 행동, 날아드는 암살 협박 속에서 자신의 신념을 관철해가던 링컨은 흔들릴 때도 많았고, 그럴 때마다 지갑 속의 신문 스크랩을 펼쳐보며 용기를 얻었을 것이다.

피아니스트가 되려는 폴란드의 한 소년 있었다. 하지만 학교 선생님이 그의 손가락이 너무 굵고 짧아 피아노는 맞지 않다고 해 금관악기 코넷을 배우게 되었다. 그러나 코넷도 그에게 맞지 않는다는 말을 듣고 다시 피아노를 배우게 된 소년은 크게 낙담하게 된다.

그 때 마침 유명한 피아니스트인 루빈슈타인을 만날 기회가 주어졌다. 의외로 루빈슈타인은 소년이 피아노 치는 것을 보고 칭찬하며 격려했다. 너무도 기뻤던 그는 매일 7시간씩 피아노를 연습하겠다고 약속한다. 소년은 결국 리스트 이후로 그를 따를 사람이 없었다는 최고의 피아니스트가 되었다. 바로 파데레브스키다.

교육학자들은 사람에게 물질환경보다 언어환경이 훨씬 더 중요하다고 역설한다. 아이에게 컴퓨터나 게임기를 사주는 것보다 더 중요한 것은 자신감과 용기를 심어주는 칭찬과 격려의 말을 해 주는 일이다. 누구에게나 마찬가지다.

부드러운 말의 '미묘한 향'이 우리 사회, 지구촌에 가득해지길 희망한다.

(2011. 1. 20)

더불어 살아야

일본 대지진(2011. 3. 11)으로 인한 원전 사고 이후 중국에서는 소금 사재기 열풍이 불었다. 중국 동부 연안에서 일기 시작한 이 열풍은 순식간에 전국으로 퍼져나가면서 슈퍼마켓 소금 진열대가 텅텅 비기 시작했다. 후쿠시마 원전 폭발사고로 인한 바닷물 방사능 오염 가능성 제기 등의 풍문이 중국인들 사이에 급속히 퍼지면서 일어난 현상이다. 이 같은 '소금공황'은 중국 정부가 사재기 엄벌 의지를 밝히고 충분한 물량공급 조치 등을 취하면서 안정을 찾기 시작했다.

우리나라에서도 후쿠시마 원전 사고에 따른 방사능 유입 우려가 높아지면서 소금 판매가 늘고, 미역과 다시마 등 해조류의 인기가 치솟았다. 해조류에 풍부한 요오드 성분이 방사성 물질 해독 효과가 있다는 것 때문이다.

이 같은 현상을 보며, 문득 불교에서 이야기하는 인드라망 · 연기법(緣起法)이 떠올랐다. 그리고 연기법의 '무서움'을 새삼 확인하게 된다.

물론 일본 대지진의 여파는 위에서 든 사례뿐만이 아니다. 이것은 사소한 일에 불과하다. 일본 대지진이 인간 삶은 물론, 자연과 산업 등 지구촌 전체에 어떻게 얼마나 영향을 미칠지는 누구도 정확히 알 수가 없을 것이다.

불교에서는 인간을 포함한 지구의 자연생태는 물론 크게는 범우주의 존재 법칙을 인드라망으로 표현했다. '인드라' 라는 그물은 한없이 넓으며 그물의 이음새마다 구슬이 있는데, 그 구슬은 서로를 비추는 관계이다. 모든 존재는 서로 연결되어 있으며 불가분의 관계 속에 존재한다는 것이다.

무슨 일이든 독자적이 아니라 서로 의존적인 관계 속에서 일어난다는 연기론적 세계관을 비유적으로 표현한 것이 인드라망이다.

모든 것이 이처럼 그물의 그물코처럼 연결돼 있는 만큼, 인간과 만물은 서로 의지하는 가운데 나누고 협력하며 살아가야 한다는 것이다. 이런 법칙을 무시하고 자기만 잘 살고자 하든가, 인간만을 생각하는 행동을 하거나 자국의 이익만 추구할 때 재앙을 불러오게 된다.

사자나 호랑이 등 맹수는 다른 동물을 잡아먹는다. 하지만 무턱대고 먹이를 덮치지 않는다. 필요 이상 욕심을 부리지 않는 것이다. 만약 맹수가 먹이는 많을수록 좋다며 다 먹지도 못할 만큼 먹잇감을 사냥한다면 어떻게 될까. 먹잇감은 곧 사라지고 결국 맹수도 멸종되고 말 것이다.

인간끼리는 물론 인간과 자연과의 관계도 마찬가지다. 뿌린 대로 거두는 것이며, 존재의 법칙의 벗어날 수가 없다. 9 · 11테러, 세계금융위기, 환경재앙 등의 불행도 모두 인간이 더불어 살아야 하는 법칙을 무시하고 이기심과 오만에 빠졌기 때문에 초래한 결과다.

좋은 일이든 나쁜 일이든 다 원인이 있다. 그 원인을 제쳐두고 드러난 일 자체만 가지고 대응해서는 올바른 해결책이 될 수 없다. 오만과 욕심을 자제, 재앙의 씨를 뿌리지 말고 좋은 일을 불러올 인연을 만들어갈 일이다. (2011. 3. 24)

인내 부족한 사회

봄꽃이 다투어 피고 있고, 연둣빛 새싹 물결이 회색빛 천지를 물들이기 시작했다. 추운 겨울을 잘 참고 견딘 덕분이다.

중국 당나라 사람 장공예(張公藝)는 9대가 한 지붕 아래서 화목하게 생활하는 집안으로 유명했다. 665년 당나라 고종은 태산에 제사를 지내러 가는 도중, 장공예에 대한 이야기를 듣고 그의 집을 방문했다. 고종은 그렇게 장수하며 대가족이 화목하게 살 수 있는 비결을 그에게 물었다.

장공예는 예를 표한 뒤 아무 말 없이 단지 '참을 인(忍)' 자를 100여 자 써보여 준 뒤 고종을 향해 말했다. "부모와 자식간에 인내가 없으면 자비와 효행을 잃게 됩니다. 형제 사이에 참을성이 부족하면 다른 사람에게 비웃음을 삽니다. 형제의 아내들 사이에 참을성이 없으면 형제들이 뿔뿔이 흩어지게 되고, 고부 사이에 참지 못하면 부모를 효도하는 마음을 잃게 됩니다."

고종은 그 자리에서 장공예에게 작위를 내리고, 그의 아들에게도 벼슬을 내렸다. 그리고 건물을 하나 세울 것을 명하고 친히 '백인의문(百忍義門)' 이라는 글자를 써주며 현판으로 걸도록 했다. 장공예가 죽고 나서도 자손들은 '인(忍)' 을 집안의 최고 덕목으로 삼고, 그의 가르침을 기리기 위해 백인당(百忍堂)을 세워 제사를 지내면서 인을 가훈으로 삼았다.

참지 못해 불러오는 불상사들이 점점 늘고 있다. 며칠 전 대학병원 의사(31)가 장시간 게임을 한 뒤 자신의 부인과 다투다 목을 눌러 부인을 살해한 혐의로 기소됐고, 해외에서 파견 근무를 하다 최근 귀국한 이모씨(38)는 외도를 의심하는 아내를 목졸라 살해한 혐의로 구속됐다. 양모씨(37)는 머리를 염색했다는 이유로 아버지에게 꾸지람을 듣자 둔기로 아버지를 때려 숨지게 해 구속됐다.

전문가들은 이 같은 범죄가 늘고 있는 이유에 대해, 스트레스와 분노를 참지 못하는 개인이 양산되는 데서 원인을 찾고 있다. 개인적 원인이든 사회적 시스템에 의한 것이든, 사람들의 분노가 심해지고 참을성이 약해져 사소한 일에도 화를 잘 내면서 범죄로 이어지고 있다는 분석이다.

"잠시라도 경중을 파악하지 못하니 순식간에 미치광이가 되는구나(造次失輕重 俄然判聖狂)."

조선 후기의 실학자 안정복(1712~1791)이 집에서 부리는 종의 일로 인해 순간적으로 마음을 다스리지 못한 것을 뉘우치며 쓴 시 중 일부다. 화를 참지 못해 종을 심하게 꾸짖은 뒤 장공예의 고사를 인용한 명나라 학자 진헌장(陳獻章)의 아래 글이 문득 생각나서 두려운 마음에 시를 써 반성한 것이다.

"노여움의 불길 타오르면 참음의 물로 꺼야 하네. 참고 또 참아도 노여움이 거세진다 할지라도 백 번을 더 참아 마침내 장공예처럼 된다면 큰 일도 이룰 수 있도다. 만약 참지 못하면 당장 낭패가 닥칠 것이다." (2011. 3. 31)

유연함이 부족하다

며칠 전 대구시내 한 화랑에서 화랑 대표와 차를 마시고 있었다. 그러던 중 한복을 입은 40대 여성 한 분이 들어왔다. 갑자기 갤러리가 환해지며, 전시해놓은 그림들이 빛을 잃는 듯했다. 흰색 저고리에 하늘색 치마를 입은 그 자태가 너무도 아름다웠다.

같이 앉아 차를 마시게 되었고, 옆자리에 그녀가 앉았다. 화장을 거의 안한 얼굴에다 입술에는 립스틱도 안 바른 듯했는데, 더 맑고 곱게 보였다. 한복과 어울린 그 아름다운 모습이 자꾸 쳐다보게 만들었다. 더운 날씨 탓인지 볼에는 복사꽃빛이 감돌고 있어 더 매력

적이었다.

동석했던 사람들 모두 아름답다고 입을 모았다. 한복집 주인도 있었는데, 어깨선과 한복의 맵시가 너무도 잘 어울린다는 등 전문가적 평가를 곁들이며 찬미했다.

그 여성은 한복을 20여 년간 평상복으로 입어왔으며, 다도와 예절을 하는 사람이었다. 꽃들이 만발한 꽃밭에 가더라도 꽃보다 더 아름다울 것 같았다.

개인적 생각으로는 우리 전통한복(개량한복은 아니고)보다 더 아름답고 멋있고 품위 있는 옷이 있을까 싶다. 한복의 아름다움에 대해서는 세계적 디자이너나 미적 감각을 가진 많은 외국 인사들도 인정하는 바다.

이런 한복이 서울 신라호텔에서 출입금지 당하는 일이 발생했다. 영화 '스캔들' '쌍화점'의 의상을 맡았던 한복디자이너 이혜순씨가 지난 12일 저녁식사를 위해 신라호텔 레스토랑 파크뷰를 찾았다가 "한복차림으로는 입장이 안 된다"며 거부당했다. 이씨가 지배인을 불러 다시 항변했지만 마찬가지였다. 신라호텔 이부진 사장이 다음 날 이씨의 한복집을 찾아가 "민망해서 고개를 못 들겠다. 우리 문화가 이런 대접을 받는다는 것이 가슴 아프다"며 사과를 한 것은 그나마 다행이었다.

신문보도를 보는 순간, 실망스러운 탄식이 저로 나왔다. 여전히 우리 사회 곳곳에는 비문화적이고 후진적 의식이 지배하고 있음을 새삼 확인해야 했다. 지구촌에서 우리나라가 경제적으로는 상위 국가에 올랐지만, 정신적 · 문화적인 측면에서는 아직 많이 부족함을 실감하게 했다.

봄날의 초목같은 유연함이 아니라 한겨울의 마른 나뭇가지처럼 경직된 의식을 보여주는 일이라고 본다. 탈락자를 배려하지 않는 경쟁지상주의, 권력이나 돈 · 학벌 · 인기의 힘에 매몰돼 굳어버린 의식 등이 모두 이런 후진적 모습이다. 유연한 사고, 고유의 문화예술에 대한 사랑, 다양성 인정, 약자에 대한 배려를 모르면 후진 사회다. 경제적으로 아무리 부유해도.

종종 그 아름다움이 자연스럽게 녹아나는 한복 입은 이들을 보면서 정말 멋스럽다는 생각을 하곤 했다. 언젠가 한복을 입고 생활해 보려는 마음을 가지고 있다. 그날이 언제일지 모르지만.

아무튼 이번 일이 의식적 · 문화적으로 우리 사회가 한 단계 성숙하는 계기가 되었으면 좋겠다. (2011. 4. 21)

머리카락 짚신

초판 인쇄 / 2011년 7월 1일
초판 발행 / 2011년 7월 5일

지은이 / 김 봉 규
펴낸이 / 박 진 환

펴낸 곳 / 만인사
등록번호 / 1996년 4월 20일 제03-01-306호
주소 / 대구광역시 중구 대봉2동 743-7번지
전화 / (053)422-0550
팩스 / (053)426-9543
E-mail / maninsa@hanmail.net

ISBN 978-89-6349-024-3 03810

값 10,000원